Großer Andrang am Digitalcourage-Zelt auf dem Chaos Camp 2023 (▶Seite 90)

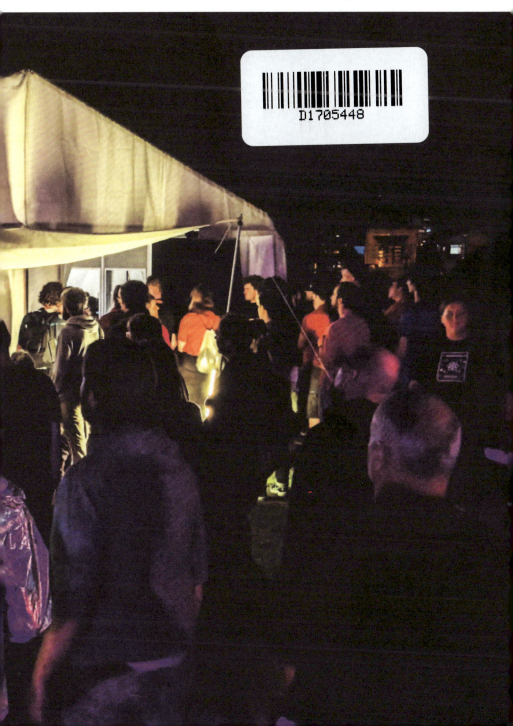

▶Bibliographische Information der Deutschen Nationalbibliothek

Die Deutsche Nationalbibliothek verzeichnet diese Publikation in der Deutschen Nationalbibliografie; detailliertere bibliografische Daten sind im Internet über https://www.dnb.de abrufbar

▶Rechtehinweis:

Dieses Werk steht – soweit beim jeweiligen Text oder Bild nichts anderes vermerkt ist – unter der Creative Commons Lizenz cc by 4.0. Was das bedeutet, können Sie unter http:/de.creativecommons.org nachlesen.

Bitte geben Sie bei Namensnennung (by) immer den Namen der Autorin oder des Autors eines Textes mit dem Hinweis „aus dem Buch ‚Digitalcourage für das Jahr 2024' " an.

Wir danken allen Fotograf.innen, Karikaturist.innen und Grafiker.innen für freie Lizenzen oder freundliche Genehmigungen für den Abdruck. Insbesondere bedanken wir uns bei der Firma Panthermedia, die uns seit einigen Jahren mit Bildkontingenten unterstützt.

▶Umschlagfotos:

Vorne oben: Markus Korporal, cc by 4.0
Vorne unten: Sapi Ullrich, cc by 4.0
Hinten: privat, cc by 4.0

▶Impressum:

(cc by 4.0) 2023 Verlag Art d'Ameublement
Redaktionsschluss: November 2023
Digitalcourage e.V., Marktstraße 18, 33602 Bielefeld
Telefon: 0521 / 1639 1639
E-Mail: mail@digitalcourage.de
Internet: digitalcourage.de, bigbrotherawards.de
Mastodon: @digitalcourage@digitalcourage.social
Facebook, WhatsApp, Instagram: Nein.
Hrsg.: padeluun und Rena Tangens
Redaktionelle Zusammenstellung: Claudia Fischer (verstandenwerden.de)
Lektorat: Claudia Fischer und Katrin Schwahlen (katrinschwahlen.de), Patrick Wildermann
Layout und Design: Isabel Wienold (iwi-design.de)
ISBN: 978-3-934636-59-0

padeluun und Rena Tangens (Hrsg.)

▶ digital**courage**
für das Jahr 2024

Verlag Art d'Ameublement

Inhalt

Vorwort   7

▶ Aktuelles und Begleitendes   9

Was uns bewegt
Unsere wichtigsten Aktionen und Kampagnen 2023   10

DB Schnüffel-Navigator
Neues von unserer Klage gegen die Deutsche Bahn   44

Gegen Fingerabdruckpflicht für Personalausweise
Unsere Anhörung vor dem Europäischen Gerichtshof   47

Biometrische Gesichtserkennung Kein Schritt mehr unregistriert?   48

Der Feind in deinem Chat   50

Chatkontrolle: Unser Smartphone-Scanner-Prototyp   56

Unsere Ortsgruppen 2023 Highlights und Mitmachmöglichkeiten   58

Argumente, Großdemos, Verfassungsbeschwerden
Hartnäckigkeit siegt gegen die Vorratsdatenspeicherung!   64

Die Privatsphäre von Kindern
Ein nicht verhandelbares Grundrecht   68

Big Toy is watching you   70

Videoüberwachung an Schulen   71

Digitale Mündigkeit
Wie wir mit einer neuen Haltung die Welt retten können   72

Föderiert euch! Ein Blick ins Fediverse   75

Zehn Schritte zum Aufbau eines Social-Media-Paradieses   78

Gegen Digitalzwang: Das Recht auf ein analoges Leben   80

Inhalt

Rena Tangens zu Gast im Kabarett
Ein Gastbeitrag von Ingo Börchers 87

Freedom not Fear 2023
Barcamp für Aktivist.innen aus ganz Europa 88

Chaos Communication Camp – Hacken unter freiem Himmel 90

Aktivcongress 2023
Aktiv für Grundrechte, Datenschutz und freie Netze 94

Vorträge und Workshops mit Pfiff Die Digitalcourage-Agentur 98

kurz&mündig – Die kompakte Wissensreihe 100

Das Digitalcourage-Team Porträts 102

Testament schreiben Ein Vermächtnis für eine lebenswerte Welt 108

▶ Abgemahntes 109

Backstage BigBrotherAwards 2023 110

Kategorie „Behörden und Verwaltung" Prof. Dr. Peter Wedde
Bundesfinanzministerium 112

Kategorie „Finanzen" Frank Rosengart
finleap connect GmbH 120

Kategorie „Kommunikation" padeluun
Zoom Video Communications, Inc. 126

Kategorie „Lebenswerk" Dr. Thilo Weichert
Microsoft 138

Kategorie „Verbraucherschutz" Rena Tangens
Deutsche Post DHL Group 146

Inhalt

▶ Aktivierendes — 159

Digitale Selbstverteidigung Wie Sie Ihre Computer,
Smartphones, E-Mails und Daten schützen können — 160

Nuudel: Termine finden, kleine Abstimmungen organisieren — 161

So werden Sie digital mündig — 162

Datenschutzbeschwerden richtig einreichen — 164

Für E-Mails einen sicheren Anbieter finden — 166

Mailinglisten – Verteiler – eigene Newsletter — 167

Warum Sie Ihre E-Mails verschlüsseln sollten — 168

Was ein Link verrät — 170

Souveräne Videokonferenzen: Weg von Zoom! — 173

Linux Now — 175

Umgang mit Fotos: sicher, bewusst und einvernehmlich — 178

Öffentliche Wege, öffentliche Karten mit OpenStreetMap — 180

▶ Richtungweisendes — 181

Public Domain vor 30 Jahren Unsere Veranstaltungsreihe
zu Technik, Kunst, Wissenschaft und Gesellschaft — 182

▶ Anhang — 187

Preise und Auszeichnungen für Digitalcourage — 188

Datenschutzrelevante Termine für 2024 — 190

Buchtipps: KI und Bargeld — 191

Vorwort

Foto: padeluun, cc by 4.0

Wir müssten viel mehr Einfluss haben
Ein Botschafter für Digitalcourage

Haben Sie schon Sascha Hansen gesehen? Schauen Sie mal auf die Rückseite unseres Jahrbuches. Sascha ist 24 Jahre alt, studiert Soziale Arbeit, ist Fußballfan, fährt Rennrad und engagiert sich bei der Freiwilligen Feuerwehr. Wir haben uns 2023 kennengelernt – er war bei mehreren unserer Veranstaltungen dabei. Wir waren beeindruckt von seiner Offenheit, Hilfsbereitschaft und Energie. Er seinerseits hat viel gelernt über Technik, über Überwachung, über Demokratie und darüber, was wir selber tun können, um die Dinge zu verbessern. Er hat das Team von Digitalcourage kennengelernt und war begeistert von dem freundlichen Geist und gleichzeitig der großen Hartnäckigkeit, mit der wir an Themen dranbleiben: An der Verhinderung der Chatkontrolle und der biometrischen Gesichtserkennung, unserer Klage beim EuGH gegen die Fingerabdruckspflicht im Personalausweis, am Digitalzwang bei Post DHL und an unserer Klage gegen die Deutsche Bahn.

Auf dem Chaos Communication Camp sagte er dann am dritten Tag: „Hey, wir müssen mal reden! Wie habt ihr euch die Zukunft vorgestellt? Bei diesen wichtigen Themen müsste Digitalcourage doch viel mehr Einfluss haben, müsste viel mehr Menschen erreichen. Warum hat Digitalcourage nur 4.000 Fördermitglieder – warum nicht 40.000?" Bämmm!

Wir sind erstmal kurz zusammengezuckt und wollten was von wegen „Realistisch bleiben", „Es werden ja immer mehr, aber es geht halt langsam" und „Wie sollen wir das denn anstellen?" einwenden. Aber dann haben wir doch noch die Kurve gekriegt und haben einfach gesagt: „Du hast völlig Recht."

Vorwort

Je mehr Erfolge wir haben, desto größer werden die Erwartungen. Viele Menschen wünschen sich, dass wir noch viel mehr machen: weitere Themen bearbeiten, mehr Klagen, Petitionen, Kurzvideos und Podcasts zur Aufklärung, Workshops, Vorträge, Fernsehauftritte, Gastartikel und so weiter und so fort. Wie sehr wünschen wir uns, Open-Source-Projekte finanziell unterstützen zu können, damit sie beispielsweise bessere Benutzeroberflächen gestalten. Wie sehr wünschen wir uns, Medien aus dem Würgegriff der Überwachungswerbung von Google und Co. zu befreien. Wie sehr wünschen wir uns, das Fediverse zu einem erfolgreichen dezentralen und demokratischen Netzwerk aufzubauen, das nicht von der Willkür eines einzelnen Milliardärs abhängig ist. Die Wunschliste ist lang.

Ja, unsere Themen betreffen sehr viele Menschen. Wenn mehr von denen Digitalcourage unterstützen würden, könnten wir so viel mehr Durchschlagkraft entwickeln.

Aber möglicherweise kennen diese Menschen uns schlicht nicht. Vielleicht haben sie von einzelnen Preisträgern der BigBrotherAwards und ihren Untaten gehört – aber wissen nicht, dass die Preisverleihung jedes Jahr von Digitalcourage auf die Beine gestellt wird. Sie wünschen sich kompaktes Wissen, kennen aber unsere Mini-Buchreihe „kurz&mündig" noch nicht. Sie nutzen unser Terminvereinbarungstool „nuudel", aber wissen nicht, dass das von Digitalcourage unterhalten wird. Sie ärgern sich über immer weitergehenden Datenhunger der Deutschen Bahn, wissen aber nicht, dass Digitalcourage sich ebenfalls gegen die Brechstangen-Digitalisierung bei der Bahn engagiert und bereits gegen die Tracker in der Bahn-App vor Gericht klagt.

Digitalcourage braucht Botschafterinnen und Botschafter! Und jetzt kommen Sie! Sie können uns helfen.

Jeder Mensch ist in ganz verschiedenen Kreisen und Szenen unterwegs. Unter Ihren Freundinnen und Kollegen, in der Familie, im Ruderclub, in der Spielerunde, in der Gemeinde, beim Wein nach dem gemeinsamen Kinobesuch, beim Spaziergang mit dem Hund: Reden Sie mit Menschen über Digital- und Demokratie-Themen und wenn sie interessiert sind, machen Sie sie mit Digitalcourage bekannt.

40.000 Fördermitglieder?
Irgendwo müssen wir anfangen! Wenn jedes unserer heute 4.000 Fördermitglieder im Jahr 2024 drei neue wirbt, hätten wir – schwupps – schon 16.000 und damit ein gutes Etappenziel erreicht. Sascha geht das bestimmt zu langsam – aber hey, wir fangen jetzt einfach mal an. Sind Sie dabei?

        Herzliche Grüße
        Rena Tangens & padeluun

Aktuelles und Begleitendes

„Herzlich willkommen! Wir sind die Chatkontrolle. Bitte geben Sie uns Ihr Smartphone!" (▶ Seite 50)

Was uns bewegt
Unsere wichtigsten Aktionen und Kampagnen 2023

Julia Witte

Ständig mit Sack und Pack unterwegs – einer von vielen zu beladenden Lkw im Sommer 2023.

Foto: Konstantin Macher, cc by 4.0

Es ist eine ganze Reihe wichtiger Themen, die uns bewegt haben – und für die wir uns sehr viel bewegt haben. Und zwar im wahrsten Sinne des Wortes: 2023 war das ganze Digitalcourage-Team gefühlt ständig unterwegs. Wir waren vertreten auf einer Kabarettbühne und in einem Kunstmuseum. Wir waren im ehrfurchtseinflößenden großen Sitzungssaal des Europäischen Gerichtshofs in Luxemburg. Bei über 30 Grad und sengender Sonne in einer Zeltstadt in Mildenberg in Brandenburg zwischen rund 6.000 anderen „Hackern und Haecksen". Und in Brüssel im EU-Parlament zusammen mit vielen anderen politisch Engagierten, die extra aus ganz Europa angereist sind. Und noch an vielen weiteren Orten.

Aber bevor wir erklären, was wir an all diesen Orten gemacht haben, erst einmal ein riesiges Dankeschön: Denn all das war und ist nur möglich, weil uns mittlerweile über 4.000 Menschen als Mitglieder regelmäßig unterstützen.

Links und weitere Infos: digitalcourage.de/jahrbuch24

Aktuelles und Begleitendes

Wir wollen nicht abhängig sein von den Spenden großer Firmen oder staatlicher Förderung – deshalb finanzieren wir uns durch die kleinen und großen Spenden vieler Menschen. Aber das bringt natürlich auch eine große Unsicherheit mit sich. Denn Miete und Mitarbeitende müssen bezahlt werden, auch wenn weniger Spenden kommen. Deshalb ist es toll, wenn viele Menschen uns mit ihrer Fördermitgliedschaft ein bisschen mehr finanzielle Sicherheit geben und uns so Planung und langfristige Arbeit möglich machen.

Wir waren oft früh dran und sprechen Themen an, bevor sie in aller Munde sind. Zum Beispiel haben wir schon 2001 einen BigBrotherAward zum Thema **Scoring** vergeben – da kannten die meisten Menschen weder den Begriff noch das, was dahinter steckt. Mittlerweile haben wohl die meisten Menschen schon mal etwas gehört von dem Verfahren, mit dem beispielsweise die SCHUFA unsere Kreditwürdigkeit bewertet – mit manchmal drastischen Auswirkungen auf unser Leben.

Werden Sie Fördermitglied bei Digitalcourage.

Mit Ihrer Mitgliedschaft verleihen Sie unserer Stimme Gewicht. Und Ihr regelmäßiger Förderbeitrag sorgt dafür, dass wir unsere Arbeit langfristig planen können. Geben Sie uns Ihr Mandat:

▸ **digitalcourage.de/mitglied**

Unser Digitalzwangmelder nimmt weiter Meldungen entgegen.
🔗 digitalzwangmelder.de

Fotomontage: Digitalcourage, Foto: Davey Heuser, cc by 4.0

Ein Thema, über das wir nun schon seit ein paar Jahren nachdenken und das langsam immer mehr Aufmerksamkeit bekommt, ist **„Digitalzwang"**: Die Tendenz, dass wir in immer mehr Bereichen des Lebens gezwungen werden, Dinge digital zu erledigen – und das oft auch noch mit einer bestimmten Software, einem bestimmten Betriebssystem und unter Angabe vieler persönlicher Daten.

2021 haben wir unseren „Digitalzwangmelder" ins Leben gerufen. Jede und jeder kann dort Erfahrungsberichte von einem erlebten Digitalzwang-Fall einreichen – also wo es nicht mehr möglich ist, einen bestimmten Dienst zu bekommen ohne ein Smartphone oder ohne einen Internetanschluss. Meldungen bitte an 🔗 digitalzwangmelder.de oder per Briefpost an Digitalcourage.

Ein Thema tauchte dort plötzlich immer

Links und weitere Infos: digitalcourage.de/jahrbuch24

Aktuelles und Begleitendes

häufiger auf: Menschen schilderten uns, dass sie ein Paket bekommen haben, das ungefragt an eine Packstation geliefert wurde. Bei der Packstation angekommen aber waren sie ratlos: Da ist kein Display, kein Eingabefeld, nichts. Denn die neue Version der Packstationen von DHL ist nur noch mit einer App zu bedienen. Menschen, die kein Smartphone haben – oder keine Lust, sich von den Trackern in der Post- und DHL-App ausspionieren zu lassen – kommen so nicht mehr ohne Umwege an ihre Pakete heran. Dafür hat DHL in diesem Jahr einen BigBrotherAward und eine Laudatio von Rena Tangens bekommen. (▶ Seite 146)

Aber damit fing die Geschichte erst an: Wir wollten DHL ein wenig unter die Arme greifen und dem schlechten Info-Service des Konzerns auf die Sprünge helfen. Es gibt nämlich doch einen Weg, das Paket aus der Packstation auch ohne App zu bekommen. Den verrät DHL nur nicht gerne. Wir verraten ihn aber – auf Seite 156f.

Und das Thema Digitalzwang bekam viel Aufmerksamkeit nach diesem BigBrotherAward – offenbar sind auch viele andere Menschen genervt von einer Digitalisierung um ihrer selbst willen, die unser Leben nicht einfacher, sondern anstrengender und uns obendrein überwachbar macht.

Und auch unsere Pressearbeit zu dem Thema hat Früchte getragen. Unter anderem hat Heribert Prantl, langjähriger Ressortleiter für Innenpolitik und Mitglied der Chefredaktion, jetzt freier Kolumnist der Süddeutschen Zeitung, das Thema unseres BigBrotherAwards aufgegriffen und damit wiederum bei vielen Leserinnen und Lesern offene Türen eingerannt – die ganze Geschichte auf Seite 157.

Aber warum ist Digitalzwang eigentlich ein Thema für Digitalcourage? Wir spielen gerne mit Technik, basteln gerne daran herum und probieren Neues aus. Wir sind technikaffin – aber wir wollen die Wahlfreiheit behalten. Und dazu gehört, dass ich mich auch dagegen entscheiden kann, eine bestimmte App zu benutzen. Oder mich bewusst dazu entscheiden kann, ganz ohne Smartphone unterwegs zu sein. Mehr zu Digitalzwang ab Seite 80.

Foto: Markus Korporal, cc by 4.0

Die sogenannten schlanken Packstationen von DHL sparen das Display ein und sperren Menschen ohne Smartphone aus.

Links und weitere Infos: digitalcourage.de/jahrbuch24

Aktuelles und Begleitendes

▶ Der Schnüffelnavigator – Wir wollen Bahnfahren und nicht Daten liefern

Auch bei der Deutschen Bahn scheint man von dieser Wahlfreiheit nicht viel zu halten. Der Konzern fährt eine Digitalisierungsstrategie ohne Rücksicht auf Verluste. Immer mehr Services werden abgebaut und nur noch online verfügbar gemacht: Früher konnte man in einen ICE steigen und noch kurz nach Abfahrt beim Bordpersonal ein Ticket kaufen. Seit Januar 2022 geht das nur noch über die App oder Website der Deutschen Bahn. Seit Mai 2023 werden keine Tickets mehr über den Telefon-Service verkauft. Seit Oktober 2023 werden günstige Spartickets in Reisezentren nur noch verkauft, wenn dafür eine E-Mail-Adresse oder eine Telefonnummer hinterlegt wird.

Die Richtung ist klar: Die Bahn möchte, dass Menschen online Tickets kaufen und Informationen abrufen. Gleichzeitig setzt die Bahn aber in ihrer App Tracker ein, die Nutzende nicht abwählen können. So werden persönliche Informationen über Bahnkund.innen weitergegeben, ohne dass die sich dagegen wehren können.

Das ist besonders schlimm, weil der DB Navigator nicht irgendeine App ist, die Menschen nach Lust und Laune benutzen können oder auch nicht. Bahnfahren gehört zur Grundversorgung und wird gleichzeitig ohne eben diese App immer schwieriger. Deshalb haben wir gegen das Tracking in der App im Oktober 2022 Klage eingereicht. Den aktuellen Stand unseres Prozesses erfahren Sie auf Seite 44.

▶ **Bahnfahren wird ohne diese App immer schwieriger.** ◀

▶ Chatkontrolle – Ihre Nachrichten werden durchsucht

Sehr beschäftigt haben wir uns mit einem der aktuell größten Angriffe auf unsere Freiheitsrechte. Stellen Sie sich

Links und weitere Infos: digitalcourage.de/jahrbuch24

Aktuelles und Begleitendes

Konstantin Macher zeigt dem Bundestagsabgeordneten Tobias B. Bacherle (B90/Die Grünen) unseren Smartphone-Scanner. (▶ Seite 56)

Foto: Stefanie Loos, cc by 4.0

vor: Jede Textnachricht und jedes Foto, die Sie über einen Messenger wie Signal oder WhatsApp versenden wollen, wird noch vor dem Abschicken auf „verdächtige" Inhalte durchsucht – und im Zweifelsfall an eine Sicherheitsbehörde zur Überprüfung weitergeleitet. Was genau als verdächtig gilt, das könnte im schlimmsten Fall ständig angepasst werden.

Klingt nach einem düsteren Science-Fiction-Film?

Genau das könnte eingeführt werden, sollte die EU-Kommission es schaffen, ihren Chatkontrolle-Entwurf als Gesetz durchzubringen. Und das ist noch nicht alles: Nicht nur das Scannen von privaten Nachrichten ist im Chatkontrolle-Gesetz vorgesehen, auch erweiterte Uploadfilter, Netzsperren und Alterskontrollen für Apps und Onlinedienste sollen die freie Internetnutzung beschränken. Kurz: Bei dem geplanten Gesetz soll private und öffentliche Kommunikation im ganz großen Stil durchleuchtet werden.

Es wird argumentiert, es ginge dabei um den Schutz von Kindern vor Missbrauch. Doch die technokratischen Maßnahmen sind nicht geeignet, Kinder wirkungsvoll zu schützen. Eine Ende September veröffentliche investigative Recherche hat aufgedeckt, dass hinter dem Gesetzesvorschlag massive Lobbyarbeit und handfeste Wirtschaftsinteressen von Tech-Unternehmen stehen, die ihre Überwachungssoftware verkaufen wollen.

Aber wir stemmen uns dem mit ganzer Kraft entgegen: Wir haben seit Ende 2021 Bündnisse auf europäischer und deutscher Ebene geschmiedet, um gemeinsam dieses beispiellose Überwachungsgesetz zu stoppen. Konstantin Macher, Digitalcourage-Campaigner, war extrem viel unterwegs, um in Berlin und Brüssel (und dazwischen im Bordbistro) Politikern und Entscheiderinnen klar zu machen, wie übergriffig dieses Gesetz ist und welche demokratiezersetzende Wirkung es haben würde. Dazu mehr ab Seite 56.

▶ **Massive Lobbyarbeit und handfeste Wirtschaftsinteressen** ◀

Links und weitere Infos: digitalcourage.de/jahrbuch24

▶ Biometrische Massenüberwachung – Videoüberwachung mit Gesichtserkennung

In einem anderen Bereich haben wir einen historischen Etappensieg errungen. Zusammen mit vielen weiteren zivilgesellschaftlichen Organisationen im Bündnis „Reclaim Your Face" haben wir uns viele Monate lang für ein Verbot biometrischer Massenüberwachung eingesetzt. Wir wollten, dass dieses Verbot im geplanten „KI-Gesetz" der Europäischen Union verankert wird.

Mit „biometrische Massenüberwachung" meinen wir zum Beispiel Kameras an öffentlichen Plätzen, die, während sie filmen, schon Gesichter erkennen und Personen zuordnen können. Technisch wäre es damit zum Beispiel möglich, noch während einer Demonstration eine Liste aller Anwesenden zu erstellen. Aber auch Gangarterkennung, Stimmenanalyse und ähnlichen Technologien gehören zu den von uns kritisierten Massenüberwachungs-Werkzeugen – sie alle haben ein enormes Missbrauchspotenzial und sind mit einer demokratischen Gesellschaft nicht vereinbar.

Im Mai 2023 wurde es dann spannend: Über 3.000 Änderungsanträge zum Gesetzes-Entwurf wurden im EU-Parlament eingereicht. Bis zuletzt wurde verhandelt. Dann der Paukenschlag: Die Abgeordneten stimmten für ein Verbot „biometrischer Fernidentifizierung", also gegen die Überwachung von Bürger.innen an öffentlichen Plätzen mit Gesichtserkennung und anderen „KI"-Systemen. Darüber haben wir uns sehr gefreut – jetzt kommt es darauf an, dass das Parlament auch bei den weiteren Verhandlungen nicht einknickt.

Warum ein vollständiges Verbot biometrischer Massenüberwachung so wichtig ist, lesen Sie auf Seite 48.

Erhältlich im Digitalcourage-Shop!
GADGET: BALKENBRILLE

Foto: Markus Korporal, cc by 4.0

Zensurbrille/Balkenbrille mit teiltransparentem schwarzen Balken. Von Außen nahezu undurchsichtig garantiert sie deine Anonymität auf Fotos und ist ein klares Statement gegen biometrische Massenüberwachung auf jeder Demonstration und Veranstaltung.
Die Brille ersetzt keine Sonnenbrille, kann aber über vielen Modellen getragen werden.
Stück-Preis: 8,50 EUR
inkl. 19% USt. zzgl. Versand
▶ shop.digitalcourage.de

Aktuelles und Begleitendes

Konstantin Macher, Detlev Sieber und unser Anwalt Wilhelm Achelpöhler auf dem Weg zum Europäischen Gerichtshof, März 2023

Foto: Nicolas Leblanc, cc by 4.0

▶ Personalausweis ohne Fingerabdruck – unsere Klage vor dem EuGH

Zu unseren biometrischen Daten gehören auch unsere Fingerabdrücke. Seit 2021 gilt die Speicherpflicht für Fingerabdrücke in Personalausweisen und im selben Jahr haben wir unsere Klage dagegen eingereicht. Diese Klage wurde Mitte März 2023 vor dem europäischen Gerichtshof in Luxemburg mündlich verhandelt (▶ Seite 47). Einen Termin für die Urteilsverkündung hatten wir bei Redaktionsschluss dieses Jahrbuches noch nicht.

Währenddessen denkt die EU-Kommission schon über den nächsten Schritt nach: Sie will ein Gesetz schaffen, nach dem unsere Ausweisdaten künftig auf dem Smartphone gespeichert sei sollen. So sollen „kontaktlose Grenzkontrollen" mit Biometrie ermöglicht werden.

Wir haben uns frühzeitig mit einer Einreichung in den Prozess eingebracht, weil wir Gefahren bei den Plänen der EU-Kommission sehen: Falls Reisedokumente künftig nur noch digital akzeptiert werden, wäre das ein schwerwiegender Fall von Digitalzwang. Aber auch, wenn beides gleichzeitig akzeptiert wird – der klassische Ausweis auf Papier oder Chipkarte und der digitale Ausweis auf dem Handy –, sehen wir Probleme: Für die geplanten „kontaktlosen Grenzkontrollen" wäre eine umfangreiche Kontrollinfrastruktur wie z.B. biometrische Kameras an Grenzübergängen und Flughäfen erforderlich. Es ist wahrscheinlich, dass auch Personen mit physischen Reisedokumenten von dieser biometrischen Massenüberwachung betroffen wären.

Links und weitere Infos: digitalcourage.de/jahrbuch24

Aktuelles und Begleitendes

▶ **Vorratsdatenspeicherung – unsere Verfassungsbeschwerde ist beendet**

Wenig später wurde eine andere Klage von uns endlich beendet: 2016 haben wir unsere Verfassungsbeschwerde gegen die Vorratsdatenspeicherung eingereicht. Ende März 2023 – wir waren schon mitten im Vorbereitungsfieber für die anstehenden BigBrother-Awards – kam eines späten Nachmittags dann eine E-Mail: Morgen früh wird ein Beschluss in unserem Fall verkündet.

Schnell haben wir unsere Anwälte und alle Beteiligten aus dem Digitalcourage-Team zusammengetrommelt und uns am nächsten Morgen um 7 Uhr auf die Lauer gelegt, in gespannter Erwartung der angekündigten E-Mail. Die mussten wir aber zwei Mal lesen, um die Bedeutung zu verstehen. Denn darin stand, dass unsere Beschwerde für unzulässig erklärt wird. Aber die Begründung hat uns dann jubeln lassen: Ein anderes Gericht – der Europäische Gerichtshof – hatte wenige Monate zuvor schon erklärt, dass das deutsche Gesetz zur Vorratsdatenspeicherung nicht gültig ist. Und genau das hat das Verfassungsgericht in der Nachricht an uns bestätigt: Das Gesetz ist schon gekippt, damit entfällt der Grund der Klage. Was für eine Achterbahnfahrt! Wir freuen uns gemeinsam mit allen, die mit uns daran gearbeitet haben, die Vorratsdatenspeicherung zu kippen – zumindest fürs Erste (▶ Seite 64).

Stand bei unseren Klagen

2016 - 2023: Verfassungsbeschwerde gegen die Vorratsdatenspeicherung
Aktenzeichen: 1 BvR 141/16, 1 BvR 229/16, 1 BvR 2023/16, 1 BvR 2683/16
Status: 2023 vom Gericht beendet, weil das von uns angegriffene Gesetz bereits auf europäischer Ebene für nicht grundrechtskonform und somit ungültig erklärt wurde. Mehr auf Seite 64.

§

Seit 2018: Verfassungsbeschwerde gegen Staatstrojaner
Aktenzeichen: 2 BvR 897/18, 2 BvR 1797/18, 2 BvR 1838/18, 2 BvR 1850/18, 2 BvR 2061/18, 1 BvR 180/23
Status: Die Zuständigkeit für unsere Beschwerde hat sich geändert, statt des Zweiten ist nun der Erste Senat zuständig. Die Beschwerde von Marc-Uwe Kling wurde als Aktenzeichen 1 BvR 470/23 abgetrennt und abgewiesen. Die Beschwerde der weiteren fünf Beschwerdeführer hat das neue Aktenzeichen 1 BvR 180/23 zugewiesen bekommen und wartet auf Entscheidung durch das Bundesverfassungsgericht. Einen Termin dafür gab es bei Redaktionsschluss noch nicht.

Links und weitere Infos: digitalcourage.de/jahrbuch24

Aktuelles und Begleitendes

Stand bei unseren Klagen

Seit 2019: Verfassungsbeschwerde gegen die Telekommunikationsüberwachung im Polizeigesetz NRW
Aktenzeichen: 1 BvR 2466/19
Status: Wartet auf Entscheidung durch das Bundesverfassungsgericht.

§

Seit 2021: Klage gegen Fingerabdruckpflicht in Personalausweisen
Aktenzeichen: C-61/22 (Europäischer Gerichtshof)
Status: Eingereicht von uns beim Verwaltungsgericht Wiesbaden. Von dort wurde die Klage direkt an den Europäischen Gerichtshof (EuGH) verwiesen. Die mündliche Verhandlung hat am 14.03.2023 stattgefunden. Einen Termin für die Urteilsverkündung gab es bei Redaktionsschluss noch nicht. Mehr auf Seite 47.

§

Seit 2022: Klage gegen das Tracking in der App „DB Navigator" der Deutschen Bahn
Aktenzeichen 31 C 31/23 (12) Amtsgericht Frankfurt am Main
Status: Anhängig vor dem Amtsgericht Frankfurt am Main. Ein Verhandlungstermin wurde noch nicht bekannt gegeben. Mehr auf Seite 44.

▶ BigBrotherAwards – von Bundesfinanzministerium bis Zoom

Danach konnten wir uns dann wieder mit voller Energie auf die BigBrotherAwards stürzen. Immer wieder fragen uns Leute verwundert, warum wir denn mit so vielen Leuten so lange vorbereiten müssen für diese Veranstaltung – sind doch schließlich nur zwei Stündchen Galaabend. Aber das ist nur die winzige Spitze eines mächtigen Eisberges.

Die Arbeit an den BigBrotherAwards beginnt schon Monate vorher: Wir sichten alle Nominierungen und recherchieren die wichtigsten Eckpunkte zu allen Themen, die uns aussichtsreich erscheinen. Diese Auswahl wird dann in der Jurysitzung präsentiert, und die Jurymitglieder entscheiden gemeinsam, welche Themen die nötige Tragweite haben – aber auch, ob es sich um etwas handelt, wo wir wirklich etwas ändern können.

Wenn die Preisträger feststehen, geht es ans Recherchieren – und damit ist nicht eine kurze Suchmaschinenanfrage gemeint. Unsere Jury und Teile unseres Teams telefonieren herum, werten Insiderinformationen aus, befragen noch mehr Kontaktpersonen und machen auch schon mal einen Selbstversuch.

Parallel planen andere Teammitglieder bereits alles rund um den Gala-Abend:

Links und weitere Infos: digitalcourage.de/jahrbuch24

Aktuelles und Begleitendes

Gunther Pflüger bei der Kameraprobe zu den BigBrotherAwards 2024

Dafür brauchen wir Licht, Ton, Kameras, die Infrastruktur für den Live-Stream, und Freiwillige, die anschließend Sekt und Saft ausschenken.

Aber die BigBrotherAwards sind nicht nur eine Abendveranstaltung, sie gehen weit darüber hinaus: Wir versenden Pressemitteilungen und rufen Journalistinnen an, die ein bestimmtes Thema interessieren könnte. Wir organisieren eine Pressekonferenz, in der die Jury-Mitglieder ihre Preisträger vorstellen. Und 2023 haben wir den BigBrotherAwards sogar noch eine neue Website gegönnt (auch dahinter stecken viele Monate kleinteiliger Arbeit), damit wir unsere Themen noch besser präsentieren können.

Puh, denken Sie jetzt vielleicht, so viel Arbeit … lohnt sich das denn? Ja, es lohnt sich. Wir wollen, dass unsere Recherchen und Preisträger die nötige Aufmerksamkeit bekommen. Wir wollen öffentlichen Druck aufbauen – denn so können wir Politikerinnen und Firmen dazu bewegen, unsere Privatsphäre ernst zu nehmen und etwas zu verändern. Wen wir dieses Jahr in die Zange genommen haben und welche Erfolge es schon zu vermelden gibt, das erfahren Sie auf Seite 109.

Frisch ausgepackt: Die kleine Statue mit der großen Wirkung

Links und weitere Infos: digitalcourage.de/jahrbuch24

Aktuelles und Begleitendes

Workshops und Debatten – Aktiv auf dem Aktivcongress

▶ Aktivcongress – für Menschen, die Politik, Technik und Gesetze mitgestalten wollen

Und nach den BigBrotherAwards? Haben wir unsere nächste Veranstaltung organisiert: Nach vielen Jahren Pause konnten wir in diesem Jahr endlich wieder einen Aktivcongress auf die Beine stellen. Ein Wochenende, an dem sich Menschen aus ganz Deutschland treffen um sich auszutauschen, vor allem aber: um aktiv zu werden! Dort werden neue Kampagnen-Ideen entwickelt, wir haben uns gegenseitig Handwerkszeug beigebracht und viele Steine ins Rollen gebracht. Ein paar Eindrücke bekommen Sie hinten im Buchumschlag und im Bericht ab Seite 94.

▶ Fedicamp / Fediverse

Ein Teil unseres Teams hatte danach gerade mal Zeit für einen kurzen Zwischenstopp zuhause, dann ging es schon weiter ins Wendland zum Fedi-Camp: Zum zweiten Mal haben sich dabei Menschen getroffen, die sich mit dem Fediverse verbunden fühlen – ob als Server-Betreiberin, Entwickler, aktive Nutzerin oder Neuling in diesem dezentralen sozialen Netzwerk.

Es gab viel zu reden, denn das Fediverse hat eine ziemliche Reise durchgemacht: Im November 2022 haben wir noch einen Sondernewsletter begonnen mit „Wollen Sie Twitter kaufen?" Damals haben wir uns noch kopfschüttelnd gewundert, dass es möglich sein kann, dass ein durchgeknallter Milliardär mal eben eine Plattform kauft, die bis dahin zentral für den politischen Austausch war. Die von Regierungen, Behörden und Politikerinnen genutzt wurde.

Wir brauchen Plattformen, die wir alle mitgestalten können.

Links und weitere Infos: digitalcourage.de/jahrbuch24

Aktuelles und Begleitendes

Rund ein Jahr später ist das, was Twitter mal war, ein Scherbenhaufen. Und wir sind umso überzeugter von einer ganz alten Idee von uns: Wir dürfen unsere wichtigsten Kommunikationswerkzeuge nicht in die Hand einiger weniger Firmen oder Personen geben. Wir brauchen dezentrale Netzwerke, die von niemandem gekauft werden können. So wie das Fediverse eines ist. Wir brauchen Plattformen, die wir alle mitgestalten können. Und wir als Digitalcourage wollen mithelfen, dieses Netzwerk so aufzubauen, dass es ein freundlicher Ort für echte Kommunikation wird. Was das Fediverse jetzt braucht, damit es erfolgreich werden kann, dazu mehr auf Seite 72 und 75.

Das Fediverse war auch auf dem ChaosCamp ein großes Thema.
(▶ Seite 75)

Foto: padeluun, cc by 4.0

▶ Chaos Communication Camp

Um das Fediverse haben sich deshalb auch viele Vorträge und Gespräche von uns auf dem Chaos Communication Camp gedreht. Schauplatzwechsel: Ein Parkgelände in Brandenburg, nördlich von Berlin. Sengende Sonne. Zelte. 6.000 Menschen. Sehr viele Laptops, Computerbauteile und Lichtinstallationen. Und mittendrin: Digitalcourage mit einer großen Zeltbühne, auf der es ein grandioses Vortragsprogramm gegeben hat, an dem viele Menschen aus unserem Team mit viel Energie gewerkelt haben. Dort haben wir im Rahmen vieler Vorträge, Gesprächsrunden und Workshops vorgestellt, mit welchen Themen wir uns gerade beschäftigen. Aber auf unserer Bühne haben auch viele tolle externe Referent.innen gesprochen zu Themen, mit denen wir uns gut identifizieren können. Mehr Eindrücke vom Chaos Communication Camp auf Seite 90.

▶ Freedom not Fear in Brüssel – Aktivist.innen aus ganz Europa

Während ein Teil unseres Teams noch in Brandenburg alles abgebaut, abtransportiert und wieder weggeräumt hat, hat sich ein anderer Teil Anfang September schon wieder auf die Reise gemacht. Diesmal in Richtung Brüssel. Dort haben wir zusammen mit anderen ein internationales Treffen von Aktiven aus ganz Europa organisiert.

Von Portugal bis Griechenland und Finnland bis Italien kamen Menschen zu „Freedom not Fear" angereist, die sich für Grundrechte und Freiheit statt Über-

Aktuelles und Begleitendes

Freedom not Fear in Brüssel mit Aktivist.innen aus ganz Europa

wachung einsetzen. Die Bandbreite der Teilnehmenden reichte dabei von Menschen, die sich privat engagieren – oder erst noch engagieren wollen – zu Mitarbeitenden in NGOs und Mitgliedern des Europaparlamentes. Nach einem intensiven Austausch am Wochenende ist das Herzstück dieses Treffens traditionell immer ein Besuch im Europaparlament und Gespräche mit Parlamentariern am Montag. Welchen besonderen Gast wir bei der Veranstaltung in diesem Jahr getroffen haben, lesen Sie auf Seite 88.

▶ Kunstinstallation Wiwiwi im Museum Marta

Im September und Oktober 2023 konnten wir noch ein Ausflugsziel empfehlen: Das Kunstmuseum Marta in Herford hat, passend zur Ausstellung „SHIFT – KI und eine zukünftige Gemeinschaft", im Museumsfoyer die Raum- und Klanginstallation „Wiwiwi – Nang Nang Nang" von Art d'Ameublement, Rena Tangens und padeluun, als Teil des aktuellen Vermittlungsprogramms ausgestellt.

Ganze vier Monate lang waren die Robotergraugänse dort zu sehen, nachdem sie vorher noch ein paar kleinen Reparaturarbeiten unterzogen wurden. Vor allem waren sie zu hören, denn wenn eine Gans „Wiwiwi" sagt, antworten alle anderen mit „Nang Nang Nang".

Der Grundgedanke hinter diesem 1993 entstandenen Kunstwerk: Die Basis jeder Kommunikation ist es, sich in

Unsere Wiwiwis im Kunstmuseum Marta Herford

Links und weitere Infos: digitalcourage.de/jahrbuch24

Aktuelles und Begleitendes

Beziehung zueinander zu setzen. Ich habe dich gehört, ich nehme dich als Gegenüber wahr – Nang Nang Nang!

Die Geschichte der Wiwiwis konnten und können Sie ausführlich im Jahrbuch für 2023 auf Seite 167 nachlesen.

▶ Filmabende zu „Total Trust" – Überwachung in China

Identifizierung per Gesichtserkennung an jedem Bahnhof, Überwachungskameras überall – im Zweifelsfall auch direkt auf den Hauseingang von unliebsamen Kritikern gerichtet. Im Oktober 2023 ist der Dokumentarfilm „Total Trust" über Überwachung und die Situation von Menschenrechtsaktivisten in China in die deutschen Kinos gekommen.

Dieser Film führt eindrücklich vor Augen, welches Maß an Überwachung und Kontrolle einer ganzen Bevölkerung technisch möglich ist. Unser demokratisches System und unser Rechtsstaat schützen uns vor willkürlichen Verhaftungen und Repressionen, wie dieser Film sie zeigt. Aber Demokratie ist kein Selbstläufer, und auch bei uns werden Überwachungsmaßnahmen oft als Maßnahmen für mehr Sicherheit oder Komfort getarnt.

Deshalb hat es uns sehr gefreut, dass wir zum Start des Filmes eingeladen wurden, im Kino Kamera in Bielefeld, im Cinema Münster und im Delphi Berlin bei einer anschließenden Diskussion dabei zu sein. Weitere Kino-Stationen sind in Vorbereitung.

pifflmedien.de Pressematerial

▶ Kabarett – satirischer Jahresrückblick

Nicht nur im Kunstmuseum und im Kino, auch auf einer Kabarettbühne waren wir vertreten: Rena Tangens war zum Jahreswechsel 2022 / 23 als Überraschungsgast eingeladen beim satirischen Jahresrückblick des Bielefelder Kabarettisten Ingo Börchers im Theater am Alten Markt. Seine Gedanken dazu können Sie auf Seite 87 nachlesen.

▶ Bildung – freie Schulsoftware und ein kurz&mündig zu Smart Toys

Im Bereich Bildung stand 2023 für uns im Fokus, Eltern, Lehrkräfte und Schulleitungen an die Hand zu nehmen und mit ihnen gemeinsam eine lebenswerte digitale Welt für Kinder und Jugendliche zu gestalten. Unsere Medienpädagogin Jessica Wawrzyniak hat ein kurz&mündig-Buch zum Thema **Smart**

Links und weitere Infos: digitalcourage.de/jahrbuch24

Aktuelles und Begleitendes

Toys und Kinder-Tracking-Apps veröffentlicht (▶ Seite 70) und den Elternratgeber „Screen Teens – Wie wir Jugendliche in die digitale Verantwortung begleiten". Einen Buchauszug präsentieren wir Ihnen auf Seite 68.

Um Eltern auch bei der Gestaltung des Schulumfelds mehr Gewicht zu geben, haben wir die Arbeitsgruppe **„Eltern und Schulsoftware"** gegründet. Dort werden verschiedene Perspektiven und Erfahrungen ausgetauscht, wie Kinder vor ungeeigneter Software im Unterricht bewahrt werden können. Vernetzung ist uns ein großes Anliegen, um Eltern, die sich wie Einzelkämpfer.innen fühlen, zu zeigen, dass sie mit ihren Sorgen um die Grundrechte ihrer Kinder nicht alleine dastehen.

Auch Lehrerinnen und Lehrer, denen ihre Privatsphäre und die ihrer Schülerinnen und Schüler wichtig ist, fühlen sich damit oft allein. Sie beißen sich an den Vorgaben von Ministerien, Schulträgern und Schulleitungen die Zähne aus.

Um die **Entscheidungsträger.innen in der Bildungspolitik** zu erreichen, haben wir zahlreiche Beiträge in Fachpublikationen platziert, die über die grundrechtewahrende Digitalisierung an Schulen sowie Verbesserungen mit freier Schulsoftware aufklären. Schulen sollen unter anderem die individuelle Entfaltung der Schüler.innen ermöglichen, die Selbstständigkeit ihrer Entscheidungen und Handlungen sowie Verantwortungsbewusstsein für das Gemeinwohl, die Natur und die Umwelt fördern. Diesen Bildungsauftrag können Schulen nur erfüllen, wenn sie sich aktiv in eine digital souveräne Richtung entwickeln. Dazu müssen sie sich für ihren digitalen Unterricht von monopolistischen Hard- und Softwareherstellern lösen und Schülerinnen und Schüler über die Zusammenhänge von Digitalisierung, Wirtschaft, Politik und Gesellschaft aufklären.

Videoüberwachung an Schulen ist seit Jahren ein Dauerbrenner-Thema, in den Schulen und auch bei uns. In unserer

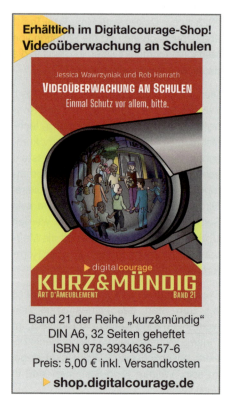

Erhältlich im Digitalcourage-Shop!
Videoüberwachung an Schulen

Band 21 der Reihe „kurz&mündig"
DIN A6, 32 Seiten geheftet
ISBN 978-3934636-57-6
Preis: 5,00 € inkl. Versandkosten
▶ shop.digitalcourage.de

Links und weitere Infos: digitalcourage.de/jahrbuch24

Aktuelles und Begleitendes

Erhältlich im Digitalcourage-Shop!
Folder: Netzwerk Freie Schulsoftware

Alle Infos zum Netzwerk freie Schulsoftware, auch zum Weitergeben

2,50 € / 25er-Bündel

inkl. 7 % USt., zzgl. Versand

▶ shop.digitalcourage.de

unser **„Netzwerk Freie Schulsoftware – Schulen helfen Schulen"** zur Verfügung, in dem Expertinnen und Experten interessierten Schulen bei den ersten Schritten mit freien Programmen unter die Arme greifen. Inzwischen ist das Netzwerk stark gewachsen und umfasst weit über 1.000 Hilfsangebote für Lehrkräfte, die sich auf rund 170 schulgeeignete Programme beziehen. Ein Wahnsinnserfolg! Denn dieses Projekt zeigt zum einen, dass digitaler Unterricht nicht nur mit Programmen von Google, Microsoft und Apple möglich ist. Zum anderen wird deutlich, wie viel Kraft und Gemeinschaft inzwischen vorhanden ist, um Änderungen im Bildungssystem zu bewirken.

Minibuch-Reihe „kurz&mündig" haben wir einen Band veröffentlicht, der Gewalt und Vandalismus an Schulen und den Wunsch nach Schutz durch Videoüberwachung thematisiert. Gemeinsam mit einem Lehrer, der Gewalt im Schulalltag hautnah miterlebt, hat Jessica Wawrzyniak eine Handreichung geschrieben, die die Sorgen der Betroffenen ernst nimmt, gleichzeitig aber auch den Verlust von Grundrechten benennt und alternative Auswege aufzeigt.
(▶ Seite 71)

Für Schulen, die sich bereits dafür entschieden haben, freie Software einzusetzen, aber noch nicht so recht wissen, wie und wo sie anfangen sollen, steht nach wie vor

Davon angeregt wurde es im Herbst 2023 praktisch: Aus der AG Pädagogik, einer Gruppe von fachkundigen Ehrenamtlichen aus den Bereichen der schulischen und außerschulischen Bildung, erwuchs die Idee, stärker mit interessierten Lehrkräften, Schuladmins und Schulleitungen ins Gespräch zu kommen. Das **„Freie-Software-Snack-Buffet"** war geboren: Mini-Fortbildungen in einem 60-minütigen Online-Format.

Grafik: Markus Korporal, cc by 4.0

Links und weitere Infos: digitalcourage.de/jahrbuch24

Aktuelles und Begleitendes

Gemeinsam mit zwölf Helfer.innen aus dem Netzwerk Freie Schulsoftware haben wir eine Vortragsreihe mit anschließender Austauschmöglichkeit zu den Programmen Libre Office, Linuxmuster, Moodle, Nextcloud und Only Office auf die Beine gestellt – eine kleine Auswahl gesunder und köstlicher Software-Snacks zum Ausprobieren. 186 Teilnehmende haben uns dafür beste Noten gegeben – das macht uns wirklich, wirklich glücklich.

Karikatur von rainking zum Europäischen Datenschutztag 2023

▶ Wir sind gefragt: Stellungnahmen zu Gesetzesänderungen

Wir bringen uns in politische Prozesse ein. Manchmal ungefragt, mit lautem Protest auf der Straße, manchmal vor Gericht mit strategischen Klagen oder Verfassungsbeschwerden. Aber wir freuen uns natürlich umso mehr, wenn wir einfach gleich von der Politik gefragt werden. Und das passiert erfreulicherweise immer häufiger. Gleich drei Mal wurden wir in diesem Jahr um Stellungnahmen zu geplanten Gesetzesänderungen gebeten.

Einmal ging es dabei um **geplante Änderungen des Bundesdatenschutzgesetzes**. Unter anderem ist in dem Änderungsvorschlag eine Einschränkung der Auskunftsrechte vorgesehen. Hintergrund: Die europäische Datenschutzgrundverordnung (DSGVO) räumt uns allen ein Auskunftsrecht ein: Das heißt, wenn ein Unternehmen persönliche Daten über mich speichert, dann habe ich das Recht zu erfahren, welche Informationen das sind, und kann eine Löschung verlangen. (▶ Seite 164) Doch dieses Auskunftsrecht soll eingeschränkt werden, zum „Schutz von Betriebs- und Geschäftsgeheimnissen".

Wir haben uns gegen eine weitere Aufweichung des Auskunftsrechts ausgesprochen, denn Betriebsgeheimnisse werden gesetzlich bereits ausreichend geschützt, und Unternehmen sollen keine Einladung bekommen, Anfragen einfach abzuwimmeln.

Zweimal wurden wir um Stellungnahme zu Gesetzesvorhaben des Landtages Schleswig-Holstein gebeten. In einem Fall ging es dabei um **Digitalisierung in der Verwaltung**. Wenn Behörden ihre Akten digital verwalten, finden wir das grundsätzlich erst mal in Ordnung. Solange dabei wichtige Sicherheitsregeln eingehalten werden: Und dazu gehört, dass die Behörden eine sichere Server-Infrastruktur und Open-Source-Software dafür nutzen. Die interne Digitalisierung in den Behörden darf

Links und weitere Infos: digitalcourage.de/jahrbuch24

Aktuelles und Begleitendes

aber nicht zu einem Digitalzwang auf Seiten der Bürger.innen führen – für die Kommunikation zwischen Bürgern und Ämtern muss es stets auch weiter analoge Möglichkeiten geben.

In dem anderen Gesetzesentwurf aus Schleswig-Holstein, den wir kommentieren durften, ging es um die **Speicherung von Telefon-Verbindungsdaten**. Klingelt da bei Ihnen auch eine Alarmglocke? Ja, es hat was mit Vorratsdatenspeicherung zu tun. Die Vorratsdatenspeicherung wurde, wie schon erwähnt, immer wieder von Gerichten als unzulässig kassiert und entsprechende Absätze in (Landes-)Gesetzen wurden dadurch ungültig. (▶ Seite 64)

Die schwarz-grüne Regierung in Schleswig-Holstein will nun neu festschreiben, unter welchen Umständen die Polizei Zugriff auf Verbindungsdaten von den Anbieterfirmen einfordern darf. Diese Daten liegen aber oft gar nicht vor: Da die meisten Telefonverträge mittlerweile Flatrates sind, ist eine Speicherung von Verbindungsdaten über einen längeren Zeitraum nicht mehr nötig und damit auch nicht erlaubt. Anbieter dürfen aber Verbindungsdaten für einige Tage speichern, wenn sie angeben, diese Informationen z.B. zur Störungsbeseitigung zu brauchen.

In dem neuen Gesetzesvorschlag aus Schleswig-Holstein ist die Voraussetzung, um auf diese Daten zugreifen zu können, so spekulativ, dass es schon absurd klingt: Zusammengefasst würde das neue Gesetz erlauben, die Telekommunikation einer Person zu überwachen, wenn die Annahme besteht, diese Person könnte demnächst Beziehungen zu einer als terroristisch eingestuften Organisation aufnehmen. Noch plakativer erklärt: Wenn jemand denkt, Sie könnten vorhaben, bei einer Umweltorganisation anzurufen, die gerade von irgendjemandem als terroristisch verleumdet wurde – dann dürfen Ihre

▶Wenn jemand denkt, Sie könnten vorhaben, bei einer Umweltorganisation anzurufen, die gerade von irgendjemandem als terroristisch verleumdet wurde – dann dürfen Ihre Verbindungsdaten überwacht werden.◀

Foto: Isabel Wienold, cc by 4.0

Links und weitere Infos: digitalcourage.de/jahrbuch24

Verbindungsdaten überwacht werden. Und übrigens auch Ihr Surfverhalten im Internet, denn auch das könnte in den Gesetzesvorschlag hineininterpretiert werden.

Wir finden Mutmaßungen darüber, wer demnächst wen kontaktieren wird, genauso unseriös wie die aktuelle Handhabung des Terrorbegriffes, und haben gefordert, das Gesetz entsprechend zu ändern und Teile zu streichen.

Über alle drei Gesetzesvorschläge war bei Redaktionsschluss noch nicht entschieden.

Auch an weiteren Stellen wurde unser Rat eingeholt: Wir wurden zu einem sogenannten Stakeholder-Dialog eingeladen, der im Auftrag des Bundesumweltamtes organisiert wurde. Dabei ging es um das gerade zunehmend heiß diskutierte Thema **Digitalisierung und Nachhaltigkeit**.

Digitalcourage-Campaigner Konstantin Macher hat dort unsere Position u.a. zu überwachungsbasierter Werbung und Überwachungskapitalismus eingebracht. Denn Werbung, für die unsere Persönlichkeit und unsere Vorlieben ausspioniert werden, ist nicht nur ein Problem für unsere Privatsphäre. Damit Firmen berechnen können, an wen unsere Aufmerksamkeit gerade am teuersten verkauft wird und wie wir am besten manipuliert werden können, müssen ständig Daten erhoben, gespeichert und weitergegeben werden. Und das verbraucht Energie: Online-Werbung war weltweit im Jahr 2016 für den Ausstoß von 60 Megatonnen CO_2 verantwortlich – das sind zehn Prozent des CO_2-Ausstoßes des gesamten Internetverkehrs und so viel, wie ganz Irland im Jahr 2019 erzeugt hat.

▶ **Nachhaltigkeit und Digitalisierung**

Das Thema Nachhaltigkeit und Digitalisierung nimmt zum Glück gerade deutlich an Fahrt auf. Eine neue Bewegung wächst heran und trifft sich unter dem

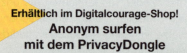

Erhältlich im Digitalcourage-Shop!
Anonym surfen mit dem PrivacyDongle

Die Tor-Anonymisierungssoftware ist auf dem PrivacyDongle bereits konfiguriert. Einfach einstecken und anonym lossurfen. Für Windows 7, 8, 10, Mac OS X (10.9.x +) Linux, Unix, BSD (vom Rechner starten)
Marken-USB-Stick (Kingston)
Metallgehäuse und Schlüsselanhänger
USB 3.0 Hi-Speed, 32 Gigabyte
Preis: 30 Euro / Stück

Mit den Einnahmen aus dem Verkauf des PrivacyDongle finanzieren wir einen Teil der Kosten für den Betrieb von Tor-Exit-Relays.

▶ **shop.digitalcourage.de**

Aktuelles und Begleitendes

Foto: Markus Korporal, cc by 4.0

Rena Tangens (2. von links) bei der „Bits & Bäume"-Konferenz 2022 in Berlin. Digitalisierung und Nachhaltigkeit ist auch für uns ein wichtiges Thema.

Namen **„Bits & Bäume"**. Bei der Bits & Bäume-Konferenz Nordrhein-Westfalen im Juli 2023 waren wir mit einem Workshop vertreten: Konstantin Macher hat eine Diskussion dazu angeregt, ob ChatGPT und ähnliche generative „KI"-Modelle in den Händen großer Firmen (dazu zählen neben Sprachmodellen auch z.B. Bildgeneratoren), ökologisch und sozial nachhaltig sind.

Bisher kann man diese Frage eindeutig mit nein beantworten. Denn das Trainieren neuer Modelle frisst „unendlich" viel Energie und damit eine sogenannte KI irgendetwas Sinnvolles produzieren kann, ist Handarbeit erforderlich. Denn um die statistischen Berechnungen – und nichts anderes verbirgt sich hinter dem, was als „Künstliche Intelligenz" vermarktet wird – immer weiter zu verfeinern, wird extrem viel Arbeit von sogenannten Klickarbeiter.innen benötigt.

Diese leben meist im globalen Süden und arbeiten für wenig Geld und unter prekären Bedingungen. „KI" ist also auch aus sozialer Perspektive alles andere als nachhaltig. „KI"-Modelle stärken bislang also lediglich die Monopolstellung großer Tech-Firmen.

Wie sich Organisationen und Unternehmen von der Infrastruktur dieser Firmen unabhängig machen können, darum geht es in einem Debattenartikel (verlinkt über die Jahrbuch-Webseite), an dem Rena Tangens mitgeschrieben hat. Der Artikel ist erschienen nach einer Diskussionsrunde bei der deutschlandweiten Bits & Bäume-Konferenz in Berlin im Herbst 2022.

Die Dienste der GAFAM-Firmen – das Akronym steht für Google, Apple, Facebook, Amazon und Microsoft – werden in vielen Unternehmen völlig unhinterfragt genutzt. Aber sie gefährden die informationelle Selbstbestimmung von Kund.innen und Beschäftigten. 85 % aller Firmen in Deutschland nutzen die Office-Software von Microsoft, 9 % die von Google und nur 2 % die Open-Source-Alternative Libre Office. Dass es auch anders geht, können wir aus eigener Erfahrung berichten: Bei Digitalcourage nutzen wir für unseren Bürobetrieb und

Links und weitere Infos: digitalcourage.de/jahrbuch24

Aktuelles und Begleitendes

unsere tägliche Arbeit freie Software und eine eigene IT-Infrastruktur.

▶ Nuudel, Tor, zensurfreier DNS-Server – unsere Dienste für die Allgemeinheit

Und diese eigene IT-Infrastruktur teilen wir auch gerne: Zum Beispiel bieten wir den Terminfinder **Nuudel** (▶ Seite 161) an, der auf der freien Software Framadate basiert und sich auch für andere Umfragen eignet. Er speichert keine Metadaten (z.B. IP-Adressen) und ist auch über das Anonymisierungsnetzwerk Tor erreichbar.

Dort laufen mittlerweile knapp 400.000 Umfragen gleichzeitig. Weil wir keine Daten erheben, wissen wir nicht viel über die Nutzung (und wir wollen auch nicht mehr wissen – das ist ja der Sinn hinter einem anonymen Dienst). Aber auf Grund der vielen Anfragen per E-Mail oder Telefon, die uns fast täglich zu Nuudel erreichen, können wir sagen: Unser Nuudel erfreut sich großer Beliebtheit und gehört in zahlreichen Ämtern, Firmen, Vereinen und bei Privatpersonen fest zur Arbeitsroutine.

Auch an der Infrastruktur des **Tor-Netzwerkes** beteiligen wir uns. Das Tor-Netzwerk anonymisiert Verbindungsdaten und macht damit eine Rückverfolgung, wer wann welche Webseite besucht hat, unmöglich. Weil wir es wichtig finden, dass Menschen weltweit ihre Privatsphäre im Internet schützen können und nicht verfolgbar sind, betreiben wir einen sogenannten Exit-Knoten und sind in den globalen Top 10 der Tor-Exit-Server.

Digitalcourage betreibt auch seit vielen Jahren zensurfreie **DNS-Server**. DNS-Server sind so etwas wie die „Telefonbücher des Internets". Über sie können Inhalte im Internet zensiert werden: Denn wenn eine Nummer aus dem Internet-Telefonbuch entfernt wird, dann kann sie nicht mehr gefunden werden. Deshalb betreiben wir ein zensurfreies Telefon-

Foto: Gerd Altmann, cc0

Das Tor-Netzwerk sichert Ihre Privatsphäre. Wir betreiben einen der zehn größten Exit-Knoten weltweit.

Links und weitere Infos: digitalcourage.de/jahrbuch24

Aktuelles und Begleitendes

buch, in dem alle Nummern stehen. Das Angebot wird rege genutzt: Mehrere Tausend Anfragen pro Sekunde werden von unseren zensurfreien DNS-Servern beantwortet.

Ein ziemlicher Überraschungserfolg war in diesem Jahr ein weiterer Dienst: „**Frank geht ran**". Franks Nummer sieht aus wie eine gewöhnliche Handynummer: 0163 1737743. Diese Nummer können Sie an alle Menschen weitergeben, die nach Ihrer Telefonnummer verlangen, aber mit denen Sie nichts zu tun haben wollen.

Ruft jemand diese Nummer an, meldet sich ein Anrufbeantworter namens Frank, der jeden Anrufer freundlich auf diesen Umstand hinweist und anschließend das Gespräch beendet. Im Mai 2021 haben wir diesen Dienst von seinem Erfinder Steffen Persiel übernommen, weil wir die Idee so charmant fanden. Im Juni und Juli 2023 haben offenbar auch Redakteur.innen Franks unendliche Geduld entdeckt und schätzen gelernt – und es sind eine ganze Reihe Zeitungsberichte und Radiointerviews zu Frank erschienen.

▶ **Cryptocafés –
Digitale Selbstverteidigung
in der Praxis**

Unser Bürotelefon beantwortet natürlich nicht Frank, sondern unser Digitalcourage-Team in Bielefeld. Wir bekommen sehr viele Anfragen per Telefon und E-Mail zu ganz unterschiedlichen Themen und versuchen, nach besten Wissen und Gewissen zu antworten. Aber oft kommen wir dabei auch an unsere Grenzen. Vor allem eine Einzelfallbetreuung zu Fragen wie: „Können Sie mir helfen, mein Handy sicher einzurichten?" können wir leider einfach nicht schaffen.

Deshalb gibt es auf unserer Website die Anleitungen zu vielen solcher Fragen von der AG Digitale Selbstverteidigung (digitalcourage.de/selbstverteidigung und hier im Jahrbuch ab Seite 159). Manchmal bieten wir auch in Bielefeld oder an den Standorten unserer Ortsgruppen sogenannte Cryptocafés an – manchmal auch mit anderem Namen wie Datenschutzcafé oder Crypto- und Datenschutz-Kaffeeklatsch.

Auch wenn der Name vielleicht zuerst etwas kryptisch klingt: Dahinter steckt eine Veranstaltung, bei der praxisnah Fragen beantwortet werden, und die sich auch an Menschen mit wenig Vorwissen richtet. Die Teilnehmenden sind meist zwischen Anfang zwanzig und über

Aktuelles und Begleitendes

Unser Datenschutzcafé in Bielefeld – Handys raus und anfassen, ausprobieren, Privatsphäre selbst einstellen!
Foto: Markus Korporal, cc by 4.0

sechzig – also sehr gemischt. Am wichtigsten ist der Praxisteil. Also: Eigene Laptops und Smartphones zücken und gemeinsam ausprobieren, wie man mit einer Passwortverwaltung sichere Passwörter einrichten kann, seine E-Mails verschlüsselt (▶ Seite 168) oder einem Link ansehen kann, ob er von Betrügern stammt und nur vorgibt, auf die Website der Bank zu führen (▶ Seite 170).

2023 haben wir solche Veranstaltungen in Bielefeld und Herford ausgerichtet, und unsere Ortsgruppen haben Cryptocafés in Kiel, Bremen, Braunschweig und München angeboten (▶ Seite 58). Wenn Sie irgendwo eine Einladung zu einem „Cryptocafé" sehen – trauen Sie sich hinzugehen, Sie müssen dafür weder Kryptographieexpertin noch Computerfachmann sein.

Und jeweils zum Jahresende packen wir 24 Tipps in unseren Online-Adventskalender zur Digitalen Selbstverteidigung. Türchen für Türchen kann man damit die Tipps unserer Expertinnen und Experten ausprobieren. Zu Weihnachten 2023 gibt's den Adventskalender auch als 24 Türhänger (so wie die „Nicht stören"-Hinweise im Hotel). Ausprobieren und irgendwo anders hinhängen, ist die Idee dahinter.

▶ Digitalcourage-Vortrags-Agentur – von Keynote über Podium bis Workshop

Immer wieder unter Menschen zu gehen und unser Wissen weiterzugeben – das ist für uns essenziell. Schon lange

Rena Tangens erklärt bei FnF 2022, wie die irische Aufsichtsbehörde Datenschutz in ganz Europa sabotiert.
Foto: Sapi Ullrich, cc by 4.0

Links und weitere Infos: digitalcourage.de/jahrbuch24

Aktuelles und Begleitendes

wünschen wir uns eine Professionalisierung unserer Vorträge und Workshops. Die Expertise in unserem Umfeld ist hoch, und unsere Veranstaltungen sind sehr gefragt. Doch mit jeder zusätzlichen Veranstaltung steigt auch unser Verwaltungsaufwand, den jede und jeder von uns bewältigen muss. Das müsste doch einfacher gehen!

Im April 2022 legten wir los und entwickelten unter dem Namen „Digitalcourage Agentur" Konzepte, wie wir die Abwicklung automatisieren können, sodass die Referentinnen ihre Zeit für Inhalte einsetzen und die Kunden eine zentrale Ansprechperson haben. Seither bauen wir an den Strukturen und arbeiten an der Umsetzung (▶ Seite 98).

Illustration: Isabel Wienold, cc by 4.0

▶ kurz&mündig – kompaktes Wissen weitergeben

Um Wissen an möglichst viele Menschen weiterzugeben, setzen wir nicht nur auf Website, Newsletter und zahlreiche Veranstaltungen, sondern auch auf gedrucktes Papier. Denn um etwas zu begreifen, ist es manchmal besser, wenn man es auch greifen und anfassen kann.

Deshalb haben wir 2019 unsere Wissensreihe kurz&mündig gestartet. Wir nennen sie „Mini-Bücher". Im Hosentaschenformat und mit vielen Illustrationen versehen, vermitteln die Büchlein komplexe Themen rund um Datenschutz und digitale Bildung. Mittlerweile ist diese Reihe auf über zwanzig Bände angewachsen. Alleine 2023 sind bis Oktober sechs kurz&mündig-Bände erschienen und vier weitere noch bis Jahresende geplant (▶ Seite 100).

Eines der Themen hat mittlerweile eine Fortsetzung bekommen: Der erste Band der Reihe beschäftigt sich mit **„Digitaler Mündigkeit"**. Leena Simon von Digitalcourage erklärt darin, wie wir alle es schaffen können, entscheidungsfähig zu werden, wenn es um technische Entwicklungen geht. Zu genau diesem Thema ist 2023 von Leena auch ein umfangreiches Buch erschienen. Sie macht Mut, sich weder zu verweigern noch auszuliefern, sondern als Einzelne und als Gesellschaft Verantwortung zu übernehmen (▶ Seite 72 und 162).

▶ Anekdote Tesla – die fahrende Videoüberwachung

Manchmal schlägt sich diese Verantwortung nieder in ganz kleinen, alltäglichen Geschichten. Wie an dem Tag, als jemand seinen Tesla direkt vor unserem Büro-Schaufenster abgestellt hat.

Gunther Pflüger, der auf der anderen Seite des Schaufensters arbeitet, gefiel

Links und weitere Infos: digitalcourage.de/jahrbuch24

das gar nicht. Denn eine zentrale Funktion der Tesla-Autos ist die Video- und Ultraschallüberwachung sowohl im Fahr- als auch im Parkmodus. Mit anderen Worten: Teslas sind fahrende Überwachungskameras, die laufend ihre Umgebung filmen und diese Daten auch an den Hersteller weitergeben. Dafür hat Tesla 2020 einen BigBrotherAward bekommen.

Was also tun mit fahrenden Kameras, die direkt auf den eigenen Arbeitsplatz gerichtet sind? Gunther holte unsere (rückstandslos abziehbaren und wiederverwendbaren) Kamerastopper, um die Kameras am Auto abzudecken. Auf Social Media und im Büro gab es skeptische Kommentare. Ob der Teslabesitzer aggressiv reagieren würde?

Das Gegenteil war der Fall: Als der Fahrer des Autos zurück kam, sprach Gunther ihn freundlich darauf an – und der Fahrer erwiderte, dass es sich um einen Firmenwagen handele, er selber auch gar nicht glücklich über diese Wahl sei und alles an Datensendeverhalten deaktiviert habe, was möglich sei. Manchmal klärt ein freundliches Gespräch eben vieles.

▶ **Staffelübergabe:
Wir haben eine neue
Geschäftsführung!**

Über ein Dutzend Jahre hat Detlev Sieber als Geschäftsführer geholfen, Digitalcourage richtig voranzubringen. Die Mitgliederzahlen haben sich mehr als verzehnfacht. Das Team ist in dieser Zeit von vier Teilzeit- auf circa 20 Vollzeitstellen angewachsen.

Detlev selbst hatte nie eine Vollzeitstelle. Er musste also mit nur wenigen Stunden pro Woche auskommen. So beriet er neben seinem Engagement bei Digitalcourage dann auch bald viele weitere gemeinnützige Organisationen. Daraus entstand sozusagen als Ausgründung von Digitalcourage civiservice.de GmbH, die Firma, die ihn immer mehr beanspruchte. Vergangenes Jahr wurde überdeutlich klar: Digitalcourage kommt ohne eine hauptberufliche Geschäftsführung nicht aus.

Ein Tesla vor unserer Haustür? Über die Kamerastopper (gibt's bei uns im Shop) kamen wir ins Gespräch.

Foto: Markus Korporal, cc by 4.0

Links und weitere Infos: digitalcourage.de/jahrbuch24

Aktuelles und Begleitendes

Detlev Sieber übergibt sein Amt als Geschäftsführer von Digitalcourage an Naciye Demirbilek – und bleibt ehrenamtlich aktiv bei uns.

Foto: Markus Korporal, cc by 4.0

Wir haben lange nach der perfekten Geschäftsführung gesucht. Im August 2023 hat Detlev den Staffelstab an unsere neue, erfahrene Geschäftsführerin Naciye Demirbilek übergeben. Naciye wird sich nun in Vollzeit um Digitalcourage kümmern und dafür sorgen, dass die gute Arbeit auch ein gutes Fundament aus Fundraising, Buchhaltung, Vertrauen und Verantwortung hat. „Verlange das Unmögliche, um das Mögliche zu erreichen" – unter diesem Motto arbeitet Naciye schon seit vielen Jahren am Thema Globale Gerechtigkeit. Sie hat bereits mehrere große Organisationen geleitet. Besonders interessiert sie sich dafür, wie wir gemeinsam die Monopolmacht von Großkonzernen in der digitalisierten Welt beschränken können. Wir versprechen: Im nächsten Jahrbuch werden wir ihr Portrait lesen können. Detlevs Portrait findet sich im Jahrbuch für 2023 auf Seite 75. Wir sind ihm für immer zu größtem Dank verpflichtet. Und wir freuen uns sehr, dass er uns ehrenamtlich weiter erhalten bleibt!

Nach außen hin ist diese Staffelstab-Übergabe kaum sichtbar. Dennoch bedeutet sie für unsere gemeinsame Arbeit eine sehr große Veränderung. Wir haben eine weitere Stufe in Richtung auf das dringend benötigte Wachstum genommen. Wir selber sind, nachdem wir das hier aufgeschrieben haben, überrascht, was uns alles in den vergangenen zwölf Monaten bewegt hat. So viel haben wir mit hoher Qualität geschafft. Und dennoch mussten wir an so vielen Stellen abspecken und konnten uns um dringende Angelegenheiten nicht oder nur mit beschränkter Aufmerksamkeit kümmern. Naciye Demirbilek holt uns da ab, wo Detlev Sieber uns hingebracht hat, und wird unserer Arbeit – da sind wir sicher – noch mehr Struktur geben, damit wir noch viel mehr bewegen können.

Links und weitere Infos: digitalcourage.de/jahrbuch24

Was wir alles tun

Aktivcongress

Neue Ideen – Neue Möglichkeiten

Der Aktivcongress ist ein Treffen im Barcamp-Format für alle, die sich für Datenschutz, Grundrechte und freie Netze einsetzen – und zwar für die, die nicht nur reden, sondern auch selber etwas tun wollen. Hier werden Themen vorgestellt, Inhalte diskutiert, Strategien erdacht und Aktionen geplant. (▶ Seite 94)

Digitale Selbstverteidigung

Techniktipps zur Selbsthilfe

Da weder Firmen noch Politik unsere Privatsphäre achten, müssen wir uns selbst schützen. Die gute Nachricht: Es gibt viele Möglichkeiten – technische und organisatorische – und nicht alle davon sind aufwendig oder kompliziert. Unsere Tipps gibt es auf digitalcourage.de/selbstverteidigung und einige Hinweise auch hier im Jahrbuch (▶ Seite 160).

Recherche und Pressearbeit

Aufdecken, einordnen, veröffentlichen

Wir gehen den Dingen auf den Grund, und wir wollen selber verstehen, was läuft. Deshalb recherchieren wir viel und in die Tiefe. Nicht nur bei der Recherche für die BigBrotherAwards, sondern auch zu Themen, die uns im Alltag erreichen. Und schließlich veröffentlichen wir: im Digitalcourage-Newsletter, im Blog auf unserer Website, im Fediverse, auf Twitter und als Pressemitteilung. Wir haben eine große Reichweite und sind gefragt als Ansprechpartner.innen von Presse und Medien.

Demos organisieren

Gemeinsam sind wir stark!

Wir verteidigen unsere Demokratie! Wir gehen für die Freiheit auf die Straße! „Freiheit statt Angst", #unteilbar, #keinFußbreit und „Rettet die Grundrechte" sind nur einige Großdemos, die wir in den vergangenen Jahren (mit)organisiert haben. Gemeinsam sind wir stärker! Wir möchten, dass viele Menschen es uns gleich tun und bieten daher auch Hilfestellungen an: Wir organisieren den Versand von Plakaten, Flyern, Ordnerbinden, Warnwesten und Kreidespray und kümmern uns um Verwaltung und Organisation. Mit unserer Infrastruktur möchten wir die Menschen unterstützen, die auf die Straße gehen und Zivilcourage und Gesicht zeigen!

Links und weitere Infos: digitalcourage.de/jahrbuch24

Was wir alles tun

Vorträge

Laden Sie uns ein!

Smart City, digitale Mündigkeit und Selbstverteidigung, Werbebanner und Tracker, Big Data, Machtmissbrauch der Digitalkonzerne, digitale Schule, Fediverse …
Es gibt eine Menge Themen, mit denen wir uns auskennen. Wir haben etwas mitzuteilen und geben unser Wissen gerne weiter. Sie können uns einladen zu Vorträgen, Podiumsdiskussionen, Seminaren und Workshops. Unser Team ist in der ganzen Bundesrepublik – und darüber hinaus – unterwegs. Über unsere hausinterne Vortragsagentur können Sie uns zentral ansprechen: ⌁digitalcourage.de/agentur.
(▸ Seite 98).

BigBrotherAwards

Die Oscars für Datenkraken

Die BigBrotherAwards sind unsere Datenschutz-Negativpreise, die wir in Deutschland seit 2000 jährlich verleihen. Datenkraken bekommen von uns das, was sie am wenigsten mögen: das Licht der Öffentlichkeit. Die Jury besteht aus renommierten Fachleuten von verschiedenen Bürgerrechtsorganisationen. Gemeinsam haben wir mit den BigBrotherAwards Missstände nicht nur aufgedeckt, sondern heikle Themen auf die politische Agenda gesetzt und echte Verbesserungen erreicht. ⌁bigbrotherawards.de.
(▸ Seite 110).

Tor-Server

Unbeobachtet surfen

Wer seine Privatsphäre auch im Internet schützen will, surft mit Tor. Die Abkürzung „Tor" steht für „The Onion Router" – ein Netzwerk, das in mehreren Schichten funktioniert, wie eine Zwiebel (englisch: Onion). Damit ist eine Rückverfolgung, wer wann welche Webseite aufgerufen hat, unmöglich. Digitalcourage betreibt einen Tor-Exit-Knoten, der mittlerweile der zweitgrößte weltweit ist. Weil Exit-Server besonders gefährdet sind, gibt es davon besonders wenige. Unsere Tor-Knoten laufen ohne Virtualisierung auf einem nur von uns gepflegten dedizierten Server bei einem kleinen deutschen Anbieter, und natürlich speichern wir keinerlei Daten über deren Nutzer und Nutzerinnen – wie es bei Tor-Relays üblich ist.

Links und weitere Infos: digitalcourage.de/jahrbuch24

Was wir alles tun

Mastodon-Instanz

digitalcourage.social

Mastodon ist ein dezentraler Mikrobloggingdienst, der seit 2016 von Eugen Rochko, einem Programmierer aus Jena, entwickelt wird. Im Gegensatz zu großen Plattformen wie Twitter (seit 2023 „X") ist Mastodon als dezentrales Netzwerk konzipiert. Benutzer.innen können einer beliebigen Instanz beitreten oder selbst eine eigene betreiben. Wir haben eine eigene Mastodon-Instanz. Wer möchte, kann einen Zugang zu unserer Instanz bekommen. (▶ Seite 75).

Freedom not Fear

Wir vernetzen uns europaweit

„Freedom not Fear" (FnF) ist das europäische Datenschutz-Barcamp-Wochenende in Brüssel – voller Vorträge, Diskussionen, Workshops und Aktionen. FnF wird immer im Herbst von und für Datenschutzaktivist.innen aus ganz Europa gestaltet und maßgeblich von Digitalcourage mitorganisiert. Hier kommen Politiker.innen mit Aktivist.innen zusammen. Jeweils am Montag besuchen wir das EU-Parlament und organisieren Gespräche mit Abgeordneten. So entsteht ein großes Vernetzungstreffen mit Menschen aus ganz Europa, die gemeinsam für das Wohl der Bürger.innen in der EU kämpfen: freedomnotfear.org (▶ Seite 88)

Charmante Aktionen

Wir sind freundlich, aber wir lassen uns nicht veralbern!

Ob wir mit Europaflaggen-Ganzkörperbemalung vor dem Innenministerium für wirksamen Datenschutz auftreten, Bundestagsabgeordneten einen vorgeblichen Prototypen eines Handy-Scanners zeigen, um auf die drohende Chatkontrolle aufmerksam zu machen, oder auf dem Kirchentag eine Resolution für besseren EU-Datenschutz durchboxen: Ein Großteil unserer Arbeit besteht darin, Aktionen zu organisieren und thematische Kampagnen durchzuführen. Da kann es schon mal passieren, dass wir allen Bundestagsabgeordneten Placebo-Pillen gegen Angst vor Terror zukommen lassen, riesige Schilder in der Berliner U-Bahn mit ehrlichen Hinweisen auf Videoüberwachung überkleben oder Denkmälern Papiertüten gegen biometrische Gesichtserkennung überstülpen. Diese Aktionen sind nur möglich, weil wir von unseren Ortsgruppen, Ehrenamtlichen und anderen Menschen tatkräftig unterstützt werden. (▶ Seite 58)

Links und weitere Infos: digitalcourage.de/jahrbuch24

Was wir alles tun

Überwachungsgesamtrechnung

1 + 1 + 1 + 1 = ZU VIEL

Überwachungsmaßnahmen summieren sich auf. Eine Maßnahme mag für sich genommen noch akzeptabel sein, doch tatsächlich muss sie im Kontext aller weiteren Überwachungen betrachtet werden, um zu beurteilen, ob sie noch grundrechtskonform ist. Das hat das Bundesverfassungsgericht 2010 gefordert. Deshalb haben wir viele Jahre lang eine Liste von Überwachungsgesetzen auf 🔗digitalcourage.de gepflegt und dafür Dutzende Gesetze ausgewertet. Wir freuen uns, dass diese Arbeit nun Widerhall in der Politik gefunden hat: Im Koalitionsvertrag haben sich die Ampel-Parteien verpflichtet, bis spätestens Ende 2023 eine solche Überwachungsgesamtrechnung zu erstellen und die Auswirkungen der bestehenden Sicherheitsgesetze auf die Grundrechte zu evaluieren. Im Sommer 2023 wurde das Projekt offiziell ausgeschrieben, der Abschlussbericht soll zum 31. Dezember 2024 vorliegen. Insbesondere im Hinblick auf die Freiheitskommission bleiben wir gespannt, aber kritisch.

CryptoParties und CryptoCafés

Digitale Selbstverteidigung lernen

Gemeinsam mit unseren Digitalcourage-Hochschulgruppen und -Ortsgruppen bieten wir an vielen Orten CryptoParties und CryptoCafés an. Hier heißt es: eigene Geräte mitbringen! Bei diesen Treffen kommen Selbstverteidigungsprofis und Laien zusammen, um in geselliger Runde gemeinsam die eigenen Geräte unter die Lupe zu nehmen und Hilfestellung beim Verschlüsseln von E-Mails, beim Sicherer-Machen von Smartphones oder beim Installieren von Linux zu geben.

Online-Shop

Schlaue Bücher und Broschüren, starke T-Shirts, Gadgets

In unserem Shop finden Sie Helferlein, die im Alltag vor Überwachung schützen, Literatur und Infomaterial zum Klügermachen und Klügerwerden sowie faire Kleidung, die von uns selbst am Standort in der Marktstraße in Bielefeld bedruckt wird. Ob Sie einen USB-Stick suchen, um unbeobachtet im Internet zu surfen, oder ob eine Brieftasche Ihre Bankkarten vor elektronischem Diebstahl schützen soll – mit unseren Produkten navigieren Sie sicher durch die digitalisierte Welt. Und das Beste: Der Gewinn des Digitalcourage-Shops kommt vollständig unserer inhaltlichen Arbeit zugute. 🔗shop.digitalcourage.de

Links und weitere Infos: digitalcourage.de/jahrbuch24

Was wir alles tun

CiviCRM

Freie Software zur Adressen-, Mitglieder- und Spendenverwaltung

Für unsere Arbeit nutzen wir ein freies Kontaktmanagement-System namens „CiviCRM". Wir haben die Software für die Anforderungen in Deutschland bei Banken und Steuerrecht angepasst, also z.B. Lastschriftmöglichkeit und Spendenquittungen eingebaut. So profitieren wir nicht nur von freier Software, sondern wir tragen auch zu ihrer Entwicklung bei. Um diese Arbeit dauerhaft zu stemmen, haben wir mit anderen Organisationen gemeinsam den Verein „Software für Engagierte" gegründet, der an „CiviCRM" weiter arbeitet und Schulungen dazu anbietet (▶ Seite 34).

Public Domain

Die Veranstaltungsreihe seit 1987

„Public Domain" heißt einerseits „öffentlicher Raum" – das bedeutet: „Jede und jeder kann kommen" und andererseits heißt es „öffentliche Angelegenheit" – mit anderen Worten: „Darum sollten wir uns kümmern!" Seit 1987 veranstalteten wir Vorträge, Vorführungen und Diskussionen unter diesem Titel. Die Reihe hatte sich zu einem wichtigen Treffpunkt im Spannungsfeld Zukunft und Gesellschaft, Technik, Wissenschaft, Kunst und Kultur entwickelt. Wir hoffen, dass wir die Public Domain auf die eine oder andere Art wiederbeleben können (▶ Seite 182).

Zensurfreier DNS-Server

Alternativer Domain Name Service

DNS-Server sind praktisch das Telefonbuch im Internet. DNS steht für „Domain Name System" – eine Datenbank, die Domainnamen in die zugehörigen Zahlen umsetzt. Digitalcourage betreibt einen öffentlichen zensurfreien DNS-Server. Damit die DNS-Abfragen nicht (wie üblich) im Klartext gestellt und beantwortet werden, unterstützt unser Server nur noch verschlüsselte Kommunikation (bisher nur) via DNS-over-TLS. Dadurch können auch alle Provider den Verkehr nicht mehr mitlesen. Gleichzeitig bieten wir mit unserem Server eine Alternative zu DNS-Servern bei Providern und großen Anbietern. **Unser DNS-Server hat die IP 5.9.164.112 (IPV4) bzw. 2a01:4f8:251:554::2 (IPV6).** digitalcourage.de/dns

Links und weitere Infos: digitalcourage.de/jahrbuch24

Was wir alles tun

Termine und Umfragen

Schnell Termine finden, an denen die meisten Interessierten Zeit haben? Einfach eigene Umfragen machen? Dafür bieten wir das datenschutzfreundliche trackingfreie Terminfindungstool 🔗nuudel.digitalcourage.de an – wir speichern wirklich gar nichts.
Auf unserem Nuudel werden regelmäßig über 400.000 Abfragen zeitgleich „ausgenuudelt". (▶ Seite 161)

Arbeitsgruppen / Ortsgruppen / Hochschulgruppen

Mitmachen vor Ort!

Unsere Arbeit lebt durch die Mitarbeit vieler Menschen. Bei Digitalcourage gibt es AGs für Menschen, die uns ganz praktisch bei Übersetzungen, Fotos, Grafik, Texten und beim Korrekturlesen unterstützen. Wir freuen uns über alle, die mithelfen! Ganz besonders freuen wir uns über neue Leute in der AG Digitale Selbstverteidigung (▶ Seite 160). Auf lokaler Ebene setzen die Digitalcourage-Ortsgruppen (OG) unsere Kampagnen und eigene Projekte um. Viele haben z.B. vor Ort ein öffentliches Live-Screening der BBA-Verleihung (▶ Seite 63) organisiert. Die Orts- und Hochschulgruppen in Kiel, Bayreuth, München und Bielefeld bieten erfolgreich Trainings und CryptoParties an. Die OG München macht ihre eigene Radiosendung, und die OG Braunschweig beteiligt sich mit einem Infostand bei verschiedenen Veranstaltungen. Auch in Berlin, Bremen und Köln können Sie selbst vor Ort aktiv werden: 🔗digitalcourage.de/helfen (▶ Seite 58)

Advocacy

Lobbyarbeit im Sinne der Allgemeinheit

Advocacy ist die Einflussnahme auf die Politikgestaltung – aber anders als beim Lobbying arbeiten wir nicht für Einzelinteressen, sondern im Interesse der Allgemeinheit. Wir mischen uns ein, begleiten laufende Gesetzgebungsprozesse, sprechen mit Politikerinnen und Politikern und verfassen Stellungnahmen für Anhörungen zu Gesetzentwürfen. Damit verleihen wir Freiheitsrechten und Privatsphäre Nachdruck – für eine starke Demokratie.

Gegen Digitalzwang

Für ein Recht auf analoges Leben

Digitale Lösungen sind schön, aber nur, wenn wir nicht dazu gedrängt werden. Denn meist werden dabei sehr viele Daten erhoben. Wir fordern Wahlfreiheit! 🔗digitalcourage.de/digitalzwang, 🔗digitalzwangmelder.de (▶ Seite 80)

Links und weitere Infos: digitalcourage.de/jahrbuch24

Was wir alles tun

Gemeinsam an Dokumenten arbeiten

Mit dem freien Webdienst CryptPad können Texte, Tabellen, Präsentationen, Whiteboards (gemeinsame „Tafelbilder"), Formulare (etwa für Umfragen) und Aufgaben-Übersichten (Kanban) im Browser erstellt und simultan bearbeitet werden. Der Kniff bei CryptPad: Alle Daten liegen verschlüsselt auf dem Server – nicht mal die Admins können mitlesen. Wer sich einen Account erstellt, kann Dokumente in einem eigenen Bereich langfristig organisieren. Das geht auch für Gruppen. Mehr erfahren? Ausprobieren? Hier entlang:
🔗 cryptpad.digitalcourage.de

Digitalcourage auf die Ohren

Mit unserem neuen Audio-Studio in der Marktstraße 26 sind wir nun auch selbst ins Podcast-Machen eingestiegen. Mit Julia Witte haben wir eine professionelle Radiomacherin im Team und werden regelmäßig auch auf unserem Kanal zu hören sein:
🔗 digitalcourage.de/podcast

Wie gewohnt abrufbar sind dort die Folgen unserer Ortsgruppe München im Rahmen des Formats „Forum aktuell" bei Radio Lora. Alle zwei Monate spricht Moderator Lars Tebelmann jeweils eine Stunde lang über aktuelle Digitalcourage-Themen und lädt Gäste ein. Im Live-Programm kann man auch anrufen und mitdiskutieren.

digitalcourage.video

Auf unseren Websites binden wir gern Videos ein – besonders auf bigbrotherawards.de. Früher haben wir die Videodateien bei einer „kostenlosen" Videoplattform abgelegt. Als diese immer mehr Tracker einbaute, konnten wir das nicht mehr verantworten. Eine eigene Lösung musste her. Wir entschieden uns für die freie Software PeerTube. Auf den ersten Blick funktioniert sie wie YouTube. Sie ist aber zusätzlich mit dem Fediverse verbunden. Das heißt: Wer einen Fediverse-Zugang hat (z.B. auf unserer Mastodon-Instanz digitalcourage.social), kann PeerTube-Kanäle abonnieren und Videos kommentieren. Unsere Betriebskosten sind dank ehrenamtlicher IT-Admin-Arbeit niedrig.

Links und weitere Infos: digitalcourage.de/jahrbuch24

Was wir alles tun

Juristisches: Verfassungsbeschwerden & Co

Nicht jammern – klagen!

Wir tun es nicht gern, aber manchmal sind Grundrechtsverletzungen und Überwachungswahn der Politik nur auf dem juristischen Weg zu stoppen. Wir reichen Verfassungsbeschwerden ein, klagen inzwischen vor dem Europäischen Gerichtshof gegen Fingerabdrücke im Personalausweis und erstatten Strafanzeigen, wenn nötig. Auf diese Weise haben wir schon das erste Gesetz zur Vorratsdatenspeicherung und ELENA (den elektronischen Entgeltnachweis) erfolgreich gekippt. Bei vielen juristischen Aktionen bieten wir die Möglichkeit, mit zu unterzeichnen und sich daran zu beteiligen. Regelmäßig stellen wir außerdem Anfragen auf Akteneinsicht bei Behörden nach dem Informationsfreiheitsgesetz (IFG) und veröffentlichen die befreiten Dokumente. Aktuell klagen wir gegen die Deutsche Bahn und ihre tracker-verseuchte DB-Schnüffel-Navigator-App (▸ Seite 17 f.) und gegen Facebook als „kriminelle Vereinigung".)

KURZ&MÜNDIG

Wissen kompakt

Damit der Weg in eine lebenswerte Welt im digitalen Zeitalter (Motto von Digitalcourage) für alle einfacher verständlich wird, schreiben und drucken wir kompaktes Wissen im Hosentaschenformat. In der Minibuch-Reihe „kurz&mündig" geht es u. a. um Sicherheitstipps für Computer und Handy, digitale Bildung, vertrauenswürdige Websites und Apps, Schutz vor Hass und Stalking im Netz, Datenschutz in Kirchengemeinden und Überwachung in China (▸ Seite 100).

Datenschutz an Schulen

Eine Investition in die Zukunft

Kinder steuern ihre Bildungsinhalte nicht selbst. Das machen Eltern und Schulen. Wir geben Nachhilfe: Mit unserem Bildungspaket voller Infomaterialien helfen wir Eltern, Schulen und Politiker.innen mit Ideen, wie digitaler Unterricht frei, nachhaltig und datenschutzfreundlich gelingen kann. Und in unserem „Netzwerk Freie Schulsoftware" stellen Schulen ihre Erfahrungen mit grundrechtewahrender Software für andere, die gerade einsteigen wollen, zur Verfügung. 2023 haben wir die AG „Eltern und Schulsoftware" gegründet – einen Austauschkanal für Eltern, die rechtlich gegen datensammelnde Software an Schulen vorgehen möchten, und für Jurist.innen, die dabei helfen möchten.

Links und weitere Infos: digitalcourage.de/jahrbuch24

DB Schnüffel-Navigator

Neues von unserer Klage gegen die Deutsche Bahn

Julia Witte

Viele aus unserem Digitalcourage-Team pendeln mit der Bahn zwischen verschiedenen Städten oder fahren damit zu Vorträgen oder Kongressen, andere benutzen sie für ihren täglichen Arbeitsweg. Wir fahren gerne Bahn. Und wir haben auch nichts gegen digitale Angebote wie die App der Deutschen Bahn.

Grafik: Markus Korporal, cc by 4.0

Aber wir haben etwas dagegen, wenn jede Auskunft über Abfahrtszeiten, Verbindungen und Verspätungen, Wagenreihung und jedes online geklickte Ticket dazu führt, dass Informationen über uns Nutzer.innen an große Daten-Firmen ausgeliefert werden. Die Bahn hat in ihrer App „DB Navigator" Tracker eingebaut, die wir Nutzer.innen nicht abwählen können. Dazu trickst die Bahn: Sie versteckt alle Datensammel-Dienste, die sie gerne nutzen möchte, in der Rubrik „erforderliche Cookies". Die ist aber technisch notwendigen Anwendungen vorbehalten.

Digitalzwang bei der Bahn

Die Deutsche Bahn versucht schon seit einer Weile, ihre Version einer „Digitalisierung mit der Brechstange" durchzusetzen. Zum Beispiel, indem sie dafür sorgt, dass viele Services nur noch online erhältlich sind. So gab es bisher in Fernverkehrszügen die Möglichkeit zum Ticketkauf an Bord beim Personal und mit Barzahlung – jetzt nur noch möglich per App oder über bahn.de. Das Deutschlandticket gibt es von der Bahn selber nur als „digitales Ticket". Seit Mai 2023 können telefonisch keine Tickets mehr über die Servicenummer der Deutschen Bahn gekauft werden. Und im September 2023 hat die Bahn angekündigt, ab Oktober 2023 die vergünstigten Sparpreistickets nur noch verkaufen zu wollen, wenn dazu eine E-Mailadresse oder Telefonnummer angegeben wird. Die Bahn versucht uns dahin zu schubsen, ihre Online-Services – möglichst die Smartphone-App – zu nutzen. Dafür macht sie all denjenigen das Leben schwer, die das nicht können oder wollen. Stichwort „Digitalzwang" (▶ Seite 80).

Aktuelles und Begleitendes

Unser Meme-Wettbewerb beim Chaos-Camp zur Bahnkampagne.
Best-Of der eingetragenen Texte:

„Ihr Cookie ist schon da – wir kommen nach. Deutsche Bahn"

„Alle reden von Privatsphäre. Wir nicht."

„Mit uns sind Ihre Daten schneller da als Sie! Ihre DB"

„Fahrscheine und private Daten bitte!"

„Bitte lassen Sie Ihre Daten unbeaufsichtigt."

▶ Klageerwiderung der Bahn: Viel Papier, wenig Substanz

Deshalb haben wir im Oktober 2022 Klage gegen den DB-Schnüffel-Navigator eingereicht. Unsere Klage hat die Bahn offensichtlich ziemlich geärgert. Eine satte 148 Seiten lange Klageerwiderung hat der Konzern verfassen lassen. Ein dicker Stapel Papier mit vielen nichtssagenden Anhängen und auch sonst wenig Substanz: Denn in dem Schriftsatz gewährt die Bahn zwar einen ausführlichen Einblick in ihre interne Konzernorganisation und -prozesse. Weiterführende Details zur Datenverarbeitung bei der App gibt sie aber nicht preis.

Die Bahn führt als Argument an, dass sie die zuständige Landesdatenschutzbehörde „konsultiert" habe. Zuständig für die App ist der hessische Beauftragte für Datenschutz und Informationsfreiheit. Leider belegen die als Beweis angeführten Original-E-Mails … nichts. Außer, dass die Bahn der Behörde das Cookiebanner der App vorgestellt hat und „diesbezüglich einer Rückmeldung entgegen sieht". Ob es eine Rückmeldung der Datenschutzbehörde gegeben hat und wie die ausgesehen hat? Dazu schweigt die Bahn lieber.

Mittlerweile sind noch eine Reihe weiterer Stellungnahmen hin- und hergegangen. In einer schlägt die Bahn sogar vor, padeluun als „bekanntermaßen technikaffiner" Kläger könnte die Tracker doch einfach blockieren und so technisch unterbinden. Damit gibt die Bahn selber zu, dass die Tracker eben NICHT

padeluun, „bekanntermaßen technikaffiner" Kläger

Foto: cven, cc by 4.0

Links und weitere Infos: digitalcourage.de/jahrbuch24

Aktuelles und Begleitendes

Kaputt, unfunktional, geschlossen: servicefreie Zone Bahnhof

erforderlich sind, um eine Verbindungsauskunft zu bekommen oder ein Ticket zu buchen.

Wir finden, diese Argumentation der DB entlarvt auch, dass sie ein sehr problematisches Verständnis unserer Rechte hat: Denn Privatsphäre steht uns allen zu. Sie darf nicht zu etwas werden, dass jede und jeder einzelne von uns erst Firmen und App-Anbieter.innen mühsam wieder abringen muss. Und sie darf nicht davon abhängig sein, ob wir ein bestimmtes Fachwissen, Zeit, Ressourcen oder eine Anwältin haben. Privatsphäre ist ein Grundrecht. Dafür streiten wir.

▶ Wie geht es jetzt weiter?

Bis zur Verhandlung dürfen beide Seiten weiter neue Erkenntnisse und Argumente beim Gericht einreichen. Ein Verhandlungstermin wurde bis Redaktionsschluss des Jahrbuches noch nicht bekanntgegeben. Den aktuellen Stand der Klage erfahren Sie immer auf 🔗 digitalcourage.de/db-tracking

▶ Was können Sie tun?

Kennen Sie das? Verwaiste DB-Reisezentren mit dicker Staubschicht, kaputte Abfahrtsmonitore oder abgebaute Infotafeln an Bahnhöfen? Wenn Ihnen bei einer Ihrer nächsten Zugreisen etwas dieser Art begegnet, das gut illustriert, warum man ohne den DB-Schnüffel-Navigator kaum noch Bahn fahren kann, dann dokumentieren Sie es bitte für uns. Wir freuen uns vor allem über Fotos, die wir in Präsentationen, Flyern und auf unserer Website verwenden dürfen. Es wäre hilfreich, wenn Sie uns das schriftlich erlauben und sagen, ob Sie namentlich oder per Nickname genannt werden möchten. **Bitte senden Sie Ihre Fotos vom Digitalzwang bei der Bahn an: mail@digitalcourage.de**

Der Gerichtsprozess gegen die Bahn kostet uns viel Geld und Zeit und wird sich wohl noch länger hinziehen. Wir brauchen also einen langen Atem. Unterstützen Sie unsere Klage – werden Sie Fördermitglied bei Digitalcourage: 🔗 digitalcourage.de/mitglied

Links und weitere Infos: digitalcourage.de/jahrbuch24

Aktuelles und Begleitendes

Gegen Fingerabdruckpflicht für Personalausweise
Unsere Anhörung vor dem Europäischen Gerichtshof

Morgens im großen Sitzungssaal des Europäischen Gerichtshofs in Luxemburg: 15 Richter.innen in dunkelroten Roben betreten den Raum. Es ist ein beeindruckendes Setting, in dem die Anhörung in unserem Verfahren stattfindet. In dieser großen Besetzung kommt das Gericht nur in seltenen wichtigen Fällen zusammen.

Im Dezember 2021 haben wir unsere Klage eingereicht – nachdem in Deutschland die Fingerabdruckpflicht für Personalausweise in Kraft getreten ist. Seitdem müssen alle, die einen neuen Perso beantragen, auf dem Chip des Ausweises ihre Fingerabdrücke speichern lassen. Das deutsche Gesetz dazu ist die Umsetzung einer EU-Verordnung. Und gegen die klagt Digitalcourage vor dem EuGH.

Am 14. März 2023 waren wir zur mündlichen Anhörung geladen: Drei Stunden lang versuchten Vertreter.innen von EU-Rat, EU-Kommission, EU-Parlament sowie der Regierungen von Spanien und Belgien, die Fingerabdruckpflicht zu verteidigen. Doch die EuGH-Richter.innen zeigten sich kritisch. Zum Beispiel bei einer juristischen Hintertür der EU-Verordnung: Sie lässt zu, dass die Fingerabdrücke auch für andere Zwecke als die Ausweiserstellung genutzt werden können, wenn ein nationales oder ein EU-Gesetz das vorsieht. Einer der Richter bohrt mehrfach nach, wie das sein könne – eine befriedigende Antwort liefert niemand.

Und es blieben noch mehr Fragen ungeklärt: Für maximal 90 Tage dürfen die Fingerabdrücke bei den lokalen Ausstellungsbehörden – in Deutschland also den Bürgerämtern – gespeichert werden. In dieser Zeit könnten die Behörden gehackt und die Daten gestohlen werden. Der Richter fragt nach, ob der Gesetzgeber dieses Risiko abgewogen habe? Schweigen.

Wie Gefahren für die biometrischen Daten von EU-Bürger.innen ausgeschlossen werden sollen, können die EU-Organe also nicht zufriedenstellend erklären. Wie auch? Denn sobald biometrische Daten einmal erhoben sind, besteht zwangsläufig ein Risiko für Datenlecks und Missbrauch. Bei Redaktionsschluss gab es noch keinen Termin für die Urteilsverkündung. Drücken Sie die Daumen, dass der Europäische Gerichtshof unserer Klage folgt und die Fingerabdruckpflicht in Personalausweisen kippt! Das hätte dann Wirkung für alle EU-Staaten.

Links und weitere Infos: digitalcourage.de/jahrbuch24

Biometrische Gesichtserkennung
Kein Schritt mehr unregistriert?

Konstantin Macher

Seit vielen Jahren fordert Digitalcourage im Bündnis „Reclaim Your Face" ein Verbot biometrischer Massenüberwachung, z.B. von automatisierter Gesichtserkennung an Bahnhöfen. Dazu verhandelt die Europäische Union gerade ein sogenanntes KI-Gesetz. Ein Prozess, in dem sich Digitalcourage aktiv einbringt – zusammen mit etlichen Mitstreiter.innen, als Teil einer europäischen Bürger.innen-Initiative, die sich dagegen wehrt, wahllos in der Öffentlichkeit überwacht zu werden, und für eine Regelung eintritt, die unsere Grundrechte schützt.

▶ Mit beachtlichem Erfolg!

Am 11. Mai 2023 haben die zuständigen Ausschüsse im Europäischen Parlament beschlossen, die gefährlichsten Anwendungen von biometrischer „KI"-Überwachung zu verbieten. Dazu gehört ein Verbot „biometrischer Fernidentifizierung", also die Überwachung von Bürger.innen an öffentlichen Plätzen per Gesichtserkennung. Strittig war allerdings, ob die biometrische Überwachung nur bei Anwendung in Echtzeit verboten werden soll, oder ob auch eine nachträgliche Erkennung unzulässig ist. Die Regierungen der EU-Mitgliedsstaaten wollen bisher nur die biometrische Echtzeitüberwachung begrenzen.

Die Papiertüte als Zeichen der Kampagne „Reclaim your face" – hier getragen von Matthias Marx (Chaos Computer Club) im EU Parlament.

Foto: edri, cc by 4.0

Die deutsche Ampelkoalition hat in ihrem Koalitionsvertrag versprochen, für ein Verbot biometrischer Massenüberwachung ohne Ausnahmen einzutreten. Im Januar konnten wir jedoch nachweisen, dass die Bundesregierung sich in Verhandlungen dennoch für die nachträgliche Überwachung stark gemacht hat. Ein klarer Wortbruch!

Warum auch diese nachträgliche Erkennung brandgefährlich ist, zeigt ein Fall aus Detroit. Dort geriet eine hochschwangere Frau fälschlicherweise unter den Verdacht des Raubes und Autodiebstahls – weil die von der Polizei verwendete „KI" zur Auswertung von Beweismitteln per Gesichtserkennung ihre Fehleranfälligkeit bewies.

▶ Links und weitere Infos: digitalcourage.de/jahrbuch24

Daraufhin wurde die 32jährige Porcha Woodruff an einem Donnerstagmorgen im Februar 2023 in Handschellen aus ihrem Haus abgeführt, während ihre weinenden Kinder bei ihrem Verlobten zurückblieben. Die Polizei hielt die Frau elf Stunden lang im Detroit Detention Center fest und befragte sie, ihr iPhone wurde beschlagnahmt und ausgelesen. „Ich hatte Wehen in der Arrestzelle", erinnerte sich die Kosmetikerin und Krankenpflegeschülerin gegenüber der New York Times an die Tortur auf harten Betonbänken. „Mein Rücken bereitete mir starke Schmerzen. Ich hatte Krämpfe. Ich denke, ich hatte wahrscheinlich eine Panikattacke".

Der gesunde Menschenverstand hätte genügt um zu erkennen, dass die im achten Monat schwangere Woodruff rein körperlich gar nicht in der Lage gewesen wäre, das Verbrechen zu begehen, das ihr zur Last gelegt wurde. Aber die Behörden trauten dem Algorithmus mehr als den eigenen Augen. Nur ein abseitiger Einzelfall? Mitnichten. Das Beispiel zeigt: Wo die vermeintlich allwissende „KI" verdummt, kann jede und jeder Opfer von Willkür werden. Kaum tröstlich, dass der Staatsanwalt von Wayne County das Verfahren gegen Woodruff nach einem Monat eingestellt hat (Quelle: New York Times, Übersetzung von Digitalcourage, verlinkt siehe unten).

Zurück nach Europa: Die Abgeordneten des EU-Parlaments haben dafür gestimmt, auch die nachträgliche biometrische Identifizierung mit wenigen

Das Europäische Bündnis „Reclaim your face" gegen biometrische Massenüberwachung

Ausnahmen zu verbieten. Diese Anwendung von „KI"-Erkennung soll nur als letztes Mittel und mit richterlicher Erlaubnis für die Aufklärung spezifischer Verbrechen zugelassen werden. Ein weiterer wichtiger Etappensieg für uns! Außerdem stimmten die Abgeordneten dafür, biometrische Kategorisierung und Emotionserkennung zu verbieten. Solche Systeme wurden in der Vergangenheit z.B. von der chinesischen Regierung zur Unterdrückung der Uiguren eingesetzt – oder im Iran, um Kleidungsvorschriften der „Sittenpolizei" zu kontrollieren.

Die Position des Europäischen Parlaments deckt sich also mit vielen unserer Forderungen. Das lässt hoffen! Unterdessen wird das „KI Gesetz" zwischen Europaparlament und den Regierungen der Mitgliedsstaaten im sogenannten Trilog verhandelt (der bei Redaktionsschluss dieses Jahrbuchs noch nicht abgeschlossen war). Wir bleiben am Ball und wachsam, damit die bisherigen Erfolge nicht aufgeweicht werden – und um auch die letzten verbleibenden Schlupflöcher zu schließen.

Foto: cven, cc by 4.0

Der Feind in deinem Chat

Konstantin Macher

Wir haben es kommen sehen: Noch bevor im Mai 2022 die EU-Kommission ihren Gesetzesvorschlag zur Chatkontrolle eingebracht hat, waren wir bei Digitalcourage schon an dem Thema dran – und haben in aller gebotenen Deutlichkeit auf die möglichen katastrophalen Folgen dieser geplanten Komplettüberwachung unserer gesamten Kommunikation hingewiesen. Mittlerweile zeigt sich: Unser Protest wirkt! Aber eins nach dem anderen.

▶ **Was will die Chatkontrolle?**

Die Idee hinter der Chatkontrolle: Um Bilder sexualisierter Gewalt an Kindern aufzuspüren, sollen Behörden in Zukunft unsere Familienchats kontrollieren und entscheiden, welche Apps wir installieren können. Uploadfilter sollen darüber bestimmen, was wir auf sozialen Medien schreiben und im Internet teilen dürfen. Die Ende-zu-Ende-Verschlüsselung würde vollständig untergraben. Das bedroht unsere Freiheitsrechte, insbesondere das Recht auf vertrauliche private und freie öffentliche Kommunikation – wovon im digitalen Zeitalter auch andere Grundrechte wie Presse- und Versammlungsfreiheit abhängig und deshalb gefährdet sind.

Eine technische Umsetzung dieses Gesetzes ist nur durch den Aufbau einer beispiellosen und vollkommen intransparenten Überwachungsinfrastruktur möglich, die nicht demokratisch kontrollierbar wäre. Die Verantwortung will die EU-Kommission auf private Unternehmen abwälzen – indem sie sie zwingt, die Sicherheit und Privatsphäre ihrer Angebote drastisch einzuschränken. Das Vorhaben, eine fehler- und missbrauchsanfällige „künstliche Intelligenz" unsere privaten Nachrichten überwachen zu lassen, wird ungezählte Falschmeldungen produzieren und

Links und weitere Infos: digitalcourage.de/jahrbuch24

Aktuelles und Begleitendes

Kundgebung zur Innenminister.innen-Konferenz am 14. Juni 2023

Unschuldige in den Fokus von Sicherheitsbehörden rücken. Was nicht zuletzt Kapazitäten bindet, die für wirklich effektive Ermittlungen gegen Pädokriminalität genutzt werden müssten.

▶ Ein Politthriller in Brüssel

Das alles wäre schon schlimm genug. Aber wer sich wie wir bei Digitalcourage wachsam, kritisch und bis ins Detail mit der Chatkontrolle beschäftigt, stößt auf Interessengeflechte und Skandale, die an einen Politthriller erinnern. In undurchsichtigen Rollen spielen dabei mit: Dubiose Lobbyisten, die für eine vorgebliche „Kinderschutzorganisation" arbeiten. Die Organisation entpuppt sich dann aber als Tech-Unternehmen, das finanzielle Interessen an der Chatkontrolle hat und Überwachungssoftware verkaufen will. In der Hauptrolle: Eine EU-Kommissarin, die sich für diese Interessen hat einspannen lassen – und nun auf Biegen und Brechen ein Gesetz durchbringen will, auch mit unlauteren Mitteln. Sie startet eine Kampagne in den sozialen Netzwerken, bei der sie irreführende Informationen verbreitet und für ihre manipulative Werbung gezielt Menschen mit bestimmten politischen und religiösen Überzeugungen ins Visier nimmt – obschon die EU erst vor kurzem strenge Regeln gegen beides erlassen hat.

▶ **Traurig nur, dass dieser Plot Realität ist.** ◀

Traurig nur, dass dieser Plot Realität ist. Zeit-Online, BalkanInsight und weitere europäische Medien haben in einer umfangreichen Recherche nachgezeichnet, wie IT- und KI-Firmen zusammen mit Stiftungen, NGOs, Sicherheitsbehörden und

Links und weitere Infos: digitalcourage.de/jahrbuch24

PR-Agenturen seit Jahren und unter dem Einsatz von Millionen von US-Dollar für die sogenannte Chatkontrolle lobbyieren.

Auch die EU-Kommissarin gibt es wirklich. Die sozialdemokratische EU-Innenkommissarin Ylva Johansson hat Mikrotargeting genutzt, um für die Chatkontrolle zu werben. Gezeigt hat das der niederländische Jurist und Digitalexperte Danny Mekić mit Daten aus den Transparenzberichten von Twitter. Die EU-Kommission hatte dafür in Ländern, die im Rat der EU gegen die Chatkontrolle sind, in der jeweiligen Landessprache Werbung geschaltet, deren Informationen auf einer umstrittenen Meinungsumfrage beruhen. Gleichzeitig hatte die Kommission für Werbeanzeigen bestimmte Zielgruppen nach politischen und religiösen Kriterien ins Visier genommen. Diese Form der Werbung ist spätestens nach dem Cambridge-Analytica-Skandal und Brexit wegen möglicher Manipulationen in der Kritik; die EU selbst hat solche Werbung mit dem Digitale-Dienste-Gesetz deswegen eigentlich gerade erst strenger reguliert.

▶ **Begehrlichkeiten von Europol**

Und wo wir von undurchsichtigen Interessen sprechen: Die Medienberichte haben auch unsere Warnung bestätigt, dass die Überwachungsfilter, die mit der Suche nach Darstellungen sexualisierter Gewalt an Kindern begründet werden, auch schnell auf andere Inhalte ausgeweitet werden können. Demnach hat die leitende Beamtin der für die Chatkontrolle zuständigen Generaldirektion Inneres der EU (GD HOME) bereits im Juli 2022 Gespräche darüber mit der Exekutivdirektorin von Europol geführt.

Es gäbe „andere Kriminalitätsbereiche", die von einer „KI"-gestützten Überwachung profitieren würden, wird Europol in dem Protokoll zitiert. Das geplante EU-Zentrum, wo die Chatinhalte ausgeleuchtet werden sollen, könne auch für andere Zwecke genutzt werden als allein für die Suche nach Missbrauchsbildern. In diesem Fall wies das Innen-Kommissariat darauf hin, dass Europol mit den Erwartungen realistisch sein müsse „angesichts der vielen Sensibilitäten rund um den Vorschlag". Es zeigt aber, dass die Ausweitung der Chatkontrolle schon in den Startlöchern sitzt.

▶ **Mikrotargeting, um für die Chatkontrolle zu werben** ◀

Erhältlich im Digitalcourage-Shop!
T-Shirt: CHATKONTROLLE - RISE OF ZENSURSULA

100% fair gehandelte Baumwolle

Per Hand bedruckt

Preis: 25,00 EUR zzgl. Versand

▶ shop.digitalcourage.de

Links und weitere Infos: digitalcourage.de/jahrbuch24

Aktuelles und Begleitendes

Foto: edri, cc by 4.0

Wir überreichen über 200.000 Unterschriften.

▶ Unsere Bündnisse und Aktionen

Digitalcourage kämpft unermüdlich in verschiedenen Bündnissen gegen die Chatkontrolle:

▶ In Deutschland haben wir das Bündnis „ChatkontrolleSTOPPEN!" ins Leben gerufen und koordinieren dort gemeinsam den zivilgesellschaftlichen Widerstand gegen das Überwachungsgesetz – und zwar europaweit.

▶ Gemeinsam mit unserer europäischen Dachorganisation für Digitale Grundrechte EDRi (European Digital Rights) haben wir die Kampagne „Stop Scanning Me!" (Hört auf, mich zu scannen!) gestartet, die dazu aufruft, den Gesetzentwurf der EU-Kommission abzulehnen.

Gemeinsam erklären wir, warum der Verordnungsvorschlag zur Chatkontrolle gefährlich ist, dabei weder sein erklärtes Ziel erreichen kann noch mit europäischem Recht vereinbar ist und darum abgelehnt werden muss. Dafür haben wir einiges unternommen:

▶ Wir waren bei einem Treffen der deutschen Innenministerin mit ihren deutschsprachigen Amtskolleg.innen in Königstein im Taunus und haben vor dem Bundesinnenministerium demonstriert (wir berichteten im Jahrbuch für 2023).

▶ Wir haben einen „analogen Prototypen" der Chatkontrolle gebaut und vor dem Bundestag aufgestellt, um die Gefahr durch die digitale Massenüberwachung sichtbar und greifbar zu machen (▶ Seite 56).

▶ Gemeinsam mit unseren Verbündeten haben wir Wege für alle organisiert, um dem eigenen Protest gegen die Chatkontrolle Ausdruck zu verleihen. Zum Beispiel mit Mitmachaktionen in sozialen Medien, mit Petitionen und mit Werkzeugen für Bürger.innen, um Abgeordnete leichter zu kontaktieren.

Digitalcourage-Themenseite zur Chatkontrolle: digitalcourage.de/chatkontrolle
Deutsches Bündnis „ChatkontrolleSTOPPEN!": chatkontrolle.eu/
Europäisches Bündnis „Stop Scanning Me": stopscanningme.eu/

Links und weitere Infos: digitalcourage.de/jahrbuch24

Aktuelles und Begleitendes

Als die EU-Kommissarin Ylva Johansson im Sommer 2023 einen Besuch in Berlin bei der Innenminister.innenkonferenz (IMK) angekündigt hat, um dort für die Chatkontrolle zu werben, standen wir als Bündnis „ChatkontrolleSTOPPEN!" schon mit einer besonderen Aktion bereit:

Gegenüber von der IMK steht eine Person vor einem gelben Briefkasten, bewaffnet mit einem Winkelschleifer. Die Menge schaut gespannt, als das Werkzeug laut kreischend auf Metall trifft. Eine Fernsehkamera filmt die Szene, auch Polizei ist anwesend, schreitet aber nicht ein. Die Person nimmt einen Brief nach dem anderen aus dem Briefkasten und liest laut daraus vor: Geschäftsgeheimnisse eines Start-ups, Name und Adresse eines Whistleblowers und andere vertrauliche Informationen. Die brachiale Gewalt dieser Aktion steht sinnbildlich für das, was die EU-Kommission mit ihrem Überwachungsgesetz zur Chatkontrolle plant: das digitale Briefgeheimnis für alle brechen, ohne Rücksicht auf Verluste.

Eindrucksvolle Aktion: Anne Herpertz (Bundesvorsitzende der Piratenpartei) öffnet einen Briefkasten und liest vertrauliche Post vor.

Foto: cven, cc by 4.0

▶ Erfolge im Kampf gegen die Chatkontrolle

Es hat sich gelohnt, dass wir schon früh vor der Chatkontrolle gewarnt haben. So wurde Ende 2021 in den Koalitionsvertrag der Ampelregierung der Passus aufgenommen: „Maßnahmen zum Scannen privater Kommunikation und eine Identifizierungspflicht lehnen wir ab. Anonyme und pseudonyme Online-Nutzung werden wir wahren." Eine klare Absage an die Chatkontrolle. Auch wenn wir die Ampel seitdem immer wieder an ihr Versprechen erinnern müssen, insbesondere weil Bundesinnenministerin Nancy Faeser immer wieder mit der Chatkontrolle liebäugelt.

Dazu haben wir die Jugendorganisationen mehrerer Parteien mit ins Boot geholt. Neben den Jugendverbänden der Ampel-Parteien, den Jusos, der Grünen Jugend und den Jungen Liberalen haben auch die Linksjugend [´solid]

Digitalcourage wirkt, wirken Sie mit!
▶ digitalcourage.de/spende

Aktuelles und Begleitendes

und die Jungen Piraten ihre klare Ablehnung der EU-Pläne zur umfassenden Überwachung und Kontrolle privater Kommunikation erklärt.

Neben dem Protest gegen die Chatkontrolle haben wir auch mit Expertinnen und Experten darüber gesprochen, welche wirksamen Möglichkeiten zum echten Kinderschutz die Politik stattdessen verfolgen sollte. Und wir sind immer wieder nach Berlin und Brüssel gefahren, um Politiker.innen zu erklären, warum dieses Gesetz niemals in Kraft treten darf.

Fast zwei Jahre harter, beharrlicher Arbeit haben sich gelohnt! Was anfangs als unvorstellbar galt, ist möglich geworden: Das Gesetz wird nicht so reibungslos durchgehen, wie sich die EU-Kommissarin Ylva Johansson das gewünscht hat. Zum Redaktionsschluss konnten wir eine Mehrheit für die Chatkontrolle schon zwei Mal verhindern. Abstimmungen unter den EU-Mitgliedsstaaten im September und Oktober 2023 wurden daher abgesagt. Das macht Hoffnung! Doch die Chatkontrolle ist noch nicht vom Tisch. Bei diesem Gesetz sind die Gegner.innen mächtig. Es wird weiterhin viel Zeit und Energie kosten, gegen einflussreiche Lobbyisten und die Interessen von Überwachungspolitikerinnen anzukämpfen. Wir geben weiter alles, um die Bürgerinnen und Bürger vor einer dystopischen Zukunft zu bewahren.

Gemeinsam mit Campact, Digitale Gesellschaft und Digitale Freiheit haben wir den Protest gegen die Chatkontrolle schon früh zur Konferenz deutschsprachiger Innenminister.innen getragen.

Links und weitere Infos: digitalcourage.de/jahrbuch24

Digitalcourage-Aktion zur Chatkontrolle am 1. März 2023 vor dem Bundestag in Berlin

Chatkontrolle:
Unser Smartphone-Scanner-Prototyp

Konstantin Macher

Damit sich politische Entscheidungsträger.innen in Berlin und Brüssel, Medienschaffende und interessierte Bürger.innen ein Bild davon machen können, was mit der Chatkontrolle auf sie zukäme, haben wir uns etwas Besonderes einfallen lassen: Den „Smartphone-Scanner". Bei diesem „analogen Prototypen" der Chatkontrolle handelt es sich um ein Gerät, das alles sieht – oder zumindest den Anschein erweckt. Mit im Konstruktionsteam: Jakob Schubert (▶ Portrait Seite 104) während seines Bundesfreiwilligendienstes bei Digitalcourage.

Die erste Gelegenheit, unseren Zauberkasten der Öffentlichkeit vorzustellen, haben wir gut abgepasst: Eine Anhörung

1 Uhr nachts am 1. März: Arbeiten bis etwa 5 Uhr morgens, bis wir nach Berlin losgefahren sind. Vormittags war unsere Veranstaltung vor dem Bundestag.

Links und weitere Infos: digitalcourage.de/jahrbuch24

Aktuelles und Begleitendes

zur Chatkontrolle im Digitalausschuss des Bundestages am 1. März 2023. Bei Parlamentarier.innen, Passant.innen und Presse stieß unser Apparat auf reges Interesse.

Und so lief die Aktion: Wir haben einen Stand vor dem Bundestag aufgebaut und uns dabei in die Rolle der EU-Kommission begeben. Anders als die von-der-Leyen-Kommission es vorsieht, ist bei uns die Teilnahme an der „Chatkontrolle" allerdings freiwillig.

Wer sich vor Ort bereit erklärt mitzumachen, wird von der „Künstlichen Intelligenz" (die wir eigens dafür programmiert haben!) angewiesen, sein Smartphone in eine Halterung zu stellen. Die Tür schließt sich, das Gerät leuchtet und bewegt sich. Und nach einer kurzen Zeit gibt der Scanner seine „Analyse" bekannt. „Verdächtig!", schallt es aus dem Apparat.

Zugegeben, unser Scanner ist noch nicht so ganz ausgereift – hier und da erzählt die „KI" Blödsinn, oder die Technik funktioniert nicht richtig – aber wirklich funktionieren würde die „echte" Chatkontrolle ja auch nicht. Potenziell wären bis zu 80 Prozent aller Meldungen fehlerhaft – das hat eine Studie zu automatisierten Verdachtsmeldungen in Irland ergeben. Eine Fehlerquote von zehn Prozent ist die EU-Kommission bereit, in Kauf zu nehmen. Sprich: Wenn die Chatkontrolle durchkäme, würden wir bald alle als verdächtig gelten.

Das nächtelange Basteln, Löten und

„Verdächtig!", schallt es aus dem Apparat. Unser Smartphone-Scanner auf dem Chaos Communication Camp

Fotos: Sapi Ullrich, cc by 4.0

Programmieren unseres Prototypen hat sich gelohnt. Fachpolitiker.innen aus dem Digitalausschuss von SPD, Grünen, FDP, Linken und Piraten sind zu unserer Aktion vor dem Bundestag gekommen und haben Digitalcourage dort zugestimmt, dass die Chatkontrolle in der geplanten Form nicht kommen darf. Unser Scanner ist unterdessen weiter auf Reisen gegangen und hat 2023 bei den BigBrotherAwards, beim Aktivcongress sowie beim Chaos Communication Camp für Alarm gesorgt. Und hoffentlich viele wachgerüttelt!

Links und weitere Infos: digitalcourage.de/jahrbuch24

Aktuelles und Begleitendes

Unsere Ortsgruppen 2023
Highlights und Mitmachmöglichkeiten

Sapi Ullrich

Public-Data-Sprint der Ortsgruppe Braunschweig in der Universität Bremen

Foto: Sophia Segler, cc by 4.0

Es ist der dritte Donnerstag des Monats, in der Alten Feuerwache in Köln findet das monatliche Treffen der Digitalcourage-Ortsgruppe (OG) statt. „Sollen wir was zum Europäischen Datenschutztag am 28. Januar machen?", fragt eine Anwesende. Die Idee wird begeistert aufgenommen, und kurze Zeit später steht der Plan, eine Kundgebung anzumelden und Flyer zu verteilen. „Vielleicht machen andere Ortsgruppen ja auch etwas?" Digitalcourage hilft gern bei der Vernetzung. So ergibt es sich, dass auch die OGs in Bremen, Braunschweig und Berlin am Datenschutztag Infostände organisieren. Die OG Braunschweig legt ihren Fokus dabei auf das Thema Chatkontrolle. Mit Flyern, Plakaten und einem tollen Erklärvideo von Alexander Lehmann (digitalcourage.video) informiert sie über die Konsequenzen dieser katastrophalen Idee der EU-Kommission und den aktuellen Stand der Verhandlungen.

Aktuelles und Begleitendes

Zum Europäischen Datenschutztag informiert die Ortsgruppe Braunschweig mit einem Infostand in der Innenstadt über das Thema Chatkontrolle.

▶ Braunschweiger Daten-Sprint

Apropos Braunschweig: Die Ortsgruppe hat im Sommer zusammen mit Wissenschaftler.innen und der Landeszentrale für politische Bildung Niedersachsen zum „Public Data Sprint" eingeladen, bei dem Interessierte in zwei Tagen zu „Citizen Scientists" ausgebildet wurden. Sie helfen jetzt jungen Leuten dabei, einen wachen Umgang mit sozialen Medien und politischer Kommunikation im Internet zu lernen – und bringen immer mehr Entscheidungsträger dazu, auf offenen und demokratischen Plattformen wie dem Fediverse zu kommunizieren und einen kritischen und spannenden Social-Media-Unterricht zu gestalten. Unser Bundesfreiwilligendienstler Jakob Schubert (▶ siehe Seite 104) war auch vor Ort und berichtete.

▶ Bremer Kaffeklatsch

Viele der Digitalcourage-Ortsgruppen organisieren sogenannte Cryptoparties, bei denen Interessierte aller Kenntnisstufen sich gegenseitig helfen, die eigenen digitalen Geräte sicherer zu machen. Da mit dem Begriff der Cryptoparty nicht alle etwas anfangen können, bekommt das Format auch mal andere Namen: Die Ortsgruppe Bremen veranstaltete einen gut besuchten „Crypto- und Datenschutz-Kaffeeklatsch" – bestimmt nicht zum letzten Mal. Außerdem gibt es in Bremen neuerdings Fahrradausflüge zu den berüchtigten DHL-Packstationen, die nur noch per App zu bedienen sind (▶ siehe Seite 146). Ein weiterer Fall von Digitalzwang, dem die Ortsgruppe aktiv engegentreten möchte.

Die Ortsgruppe Bremen im Januar 2023: Maike Schmidt-Grabia, Benjamin Runge, Hajo Zingel u.a.

Links und weitere Infos: digitalcourage.de/jahrbuch24

Aktuelles und Begleitendes

Lars Tebelmann geht regelmäßig beim Münchner Radio LORA für Digitalcourage auf Sendung.

Foto: Lisa Krammel, cc by 4.0

▶ Münchner Sendung

Immer am ersten Montag in den geraden Monaten präsentiert die Ortsgruppe München beim lokalen Radio LORA in Rahmen der Sendung „Forum aktuell" digitalpolitische Themen wie Chatkontrolle oder biometrische Überwachung, mal mit Gästen, mal in Form einer Lesung mit Tipps zu digitaler Selbstverteidigung. Schon seit 2015 arbeitet die Ortsgruppe erfolgreich mit der Verbraucherzentrale zusammen. Auch dieses Jahr gab es online und offline wieder etliche Datenschutz-Fortbildungen wie das Online-Cryptocafe zur digitalen Selbstverteidigung und „Safer Surfen mit dem Smartphone", die meist schnell ausgebucht sind.

▶ Kieler Mapping-Party

Die OG Kiel setzt wiederum alles daran, die Bekanntheit von Digitalcourage und unserern Themen in der Region zu fördern. Konkret zum Beispiel mit einem Stand bei den Kieler Linux-Tagen, der Veranstaltung von Cryptoparties oder einem Bildungsurlaub zum Thema „digitale Mündigkeit", um nur einige Angebote der aktiven und vielseitig interessierten Gruppe zu nennen. Seit diesem Jahr gibt es auch einen von der #ReclaimYourFace–Kampagne inspirierten Spaziergang namens „Mapping-Party": Wo immer unterwegs Kameras angetroffen werden, die den öffentlichen Raum überwachen, bekommen sie einen Eintrag in der freien Online-Karte OpenStreetMap (▶ siehe Seite 180).

▶ Berliner Vorträge

Für die europäische Bürger.inneninitative #ReclaimYourFace hat die Ortsgruppe Berlin rekordverdächtig viele Unterschriften gesammelt (▶ siehe Seite 48). Nachdem die Gruppe zwischenzeitlich keinen festen Treffpunkt hatte und etwas aus dem Takt gekommen war, veranstaltet sie jetzt wieder regelmäßige Treffen an einem neuen Ort: dem Marktstand von Topio e.V., wo tagsüber ehrenamtlich Leuten dabei geholfen wird, ihre Smartphones datensparsam einzurichten. Außerdem werden neuerdings im Rahmen der Treffen (die meist am dritten Freitag des Monats stattfinden) Vorträge und Workshops angeboten – beispielsweise dazu, wie die Geschäftsmodelle von Google, Facebook und Co. unsere Menschenrechte gefährden.

▶ Bielefelder Datenschutzcafé

Die Hochschulgruppe Bielefeld hat unterdessen den Staffelstab an die nächste Generation übergeben. Mit frischem Schwung organisiert diese nun wieder Cryptoparties und -seminare an der Universität, aber auch außerhalb der akademischen Sphäre, zum Beispiel für Jugendgruppen. In Zusammenarbeit mit der Hochschulgruppe fand im März 2023 in Bielefeld erstmalig das „Datenschutzcafé" statt. Bei Kaffee und Kuchen konnte hochmotivierten Einsteiger.innen Wissen und Praxis zum datensparsamen Gebrauch des Smartphones vermittelt werden – wie die Installation des alternativen App-Stores F-Droid und von Fairmail als privatsphärefreundlichem Mailverwalter. Weitere Aktionen sind geplant.

▶ Und bei Ihnen?

Auch in Bayreuth, Stuttgart, Leipzig, Tübingen und anderswo gibt es digitalpolitisch aktive Leute. Je nach Gruppe geht es mehr oder weniger um Technik, digitale Themen oder aktuelle Aktionen. Viele schätzen auch einfach die Möglichkeit zur Begegnung und das Gefühl der Solidarität untereinander. Wenn Sie Lust

Beim Cryptoseminar tauschen Teilnehmende Wissen zum Einrichten das Smartphones mit datensparsamen Diensten aus.

Foto: Sapi Ullrich, cc by 4.0

Links und weitere Infos: digitalcourage.de/jahrbuch24

bekommen haben, sich einer Gruppe vor Ort anzuschließen oder auch selbst eine aufzubauen, nehmen Sie gerne Kontakt auf mit:
sapi.ullrich@digitalcourage.de

▶ Mitmachen? Wann und wo?

Neue Interessierte sind immer herzlich willkommen zu einem der regelmäßigen Gruppentreffen:

Ortsgruppe Berlin: In der Regel am 3. Freitag im Monat ab 18:30 Uhr am Marktstand von Topio e.V., Arminiusmarkthalle in Berlin-Moabit

Ortsgruppe Braunschweig: Alle zwei Wochen donnerstags ab 19 Uhr im Stratum0

Ortsgruppe Bremen: Jeden 3. Mittwoch im Monat um 19 Uhr, der Ort wird über eine Mailingliste mitgeteilt

Ortsgruppe Kiel: Offene Treffen an jedem 1. Montag im Monat um 19 Uhr, der Ort wird über eine Mailingliste mitgeteilt

Ortsgruppe Köln: Am ersten Donnerstag des Monats um 19 Uhr in der Alten Feuerwache in Köln

Ortsgruppe München: Offene Treffen in den ungeraden Monaten jeweils am 2. Montag um 19 Uhr, der Ort wird über eine Mailingliste mitgeteilt

Hochschulgruppe Bielefeld: In der Vorlesungszeit am 1. und 3. Montag im Monat um 18 Uhr im SozCafé (Gebäude X, Raum C2-116) an der Universität Bielefeld

Offenes Treffen Bielefeld: dienstags ab 20:30 Uhr im CafeNio am Rathaus

Die meisten Gruppen sind auch im Fediverse (▶ siehe Seite 75) unterwegs – die jeweilige Fediverse-ID findet sich in der Kontaktspalte der Gruppe auf 🔗digitalcourage.de/treffen-vor-ort.

Etwa vier Mal im Jahr findet ein Online-Treffen statt, bei dem sich die Ortsgruppen gegenseitig über Aktionen und Pläne informieren und sich über gemeinsame Interessen austauschen.

Aktuelles und Begleitendes 63

Live-Übertragung der
BigBrotherAwards 2019 in Bayreuth

▶Aktiv werden: BBA-Live-Übertragung

Oft ermutigt es, sich mit Gleichgesinnten zusammenzuschließen. Wenn schon eine Gruppe mit Infrastruktur und regelmäßigen Treffen existiert, kann das dabei helfen, aktiv zu werden. Eine Ortsgruppe ist allerdings keine Voraussetzung dafür, sich einzubringen, ob lokal oder bundesweit. Dazu gibt es vielfältige Möglichkeiten. Wie wäre es zum Beispiel mit dezentralen Live-Übertragungen der BigBrotherAwards? Diese finden deutschlandweit zeitgleich mit der Preisverleihung in Bielefeld statt und schaffen die Möglichkeit, die Gala zwar aus räumlicher Distanz, aber trotzdem in Gemeinschaft mitzuerleben.

Im Vorfeld der BBAs 2023 haben Aktive an vielen Orten fleißig Dekoration für die Räume der Live-Übertragungen gebastelt, z.B. in Stralsund. Als das Publikum eintraf, herrschte im dortigen Hackspace Port39 schon großartige Stimmung. Auch in Düsseldorf, Gießen, Merseburg, Leipzig und Tübingen, dem Neandertal, Bayreuth, Hamburg und an vielen anderen Orten haben Menschen die Live-Übertragung verfolgt und angeregt über die Preisträger diskutiert.

Wenn Sie selbst für die BBAs 2024 eine Übertragung bei sich vor Ort organisieren möchten, schreiben Sie uns gern. Vielleicht haben sich auch schon andere Engagierte aus Ihrer Stadt gemeldet – wir bringen Sie zusammen:
mail@digitalcourage.de,
Betreff: BBA 2024 Live-Übertragung

▶Arbeitsgruppen

Neben den Ortsgruppen bieten auch zahlreiche Arbeitsgruppen Interessierten die Möglichkeit, aktiv zu werden und Digitalcourage zu unterstützen. Ohne die Arbeit vieler fantastischer Ehrenamtlicher wäre es uns gar nicht möglich, das schier unendliche Pensum an Aufgaben zu bewältigen. Sind Sie Fotografin, technisch versiert, ein Rechtschreib- oder Übersetzungsgenie? Vielleicht finden Sie die passende Gruppe oder Aktivität bei uns, wir freuen uns auf Sie! Beispiele für Mitmachmöglichkeiten finden Sie auf
digitalcourage.de/mitmachen

Links und weitere Infos: digitalcourage.de/jahrbuch24

Argumente, Großdemos, Verfassungsbeschwerden
Hartnäckigkeit siegt gegen die Vorratsdatenspeicherung!

Im März 2023 konnten wir einen historischen Sieg feiern! Das Bundesverfassungsgericht hat bestätigt, dass die Vorratsdatenspeicherung in Deutschland nicht angewendet werden darf.

Wir erinnern uns: 2015 hatte der Bundestag das Gesetz zur Wiedereinführung der Vorratsdatenspeicherung mit großer Mehrheit beschlossen. Es sah eine anlasslose Speicherung sämtlicher Verbindungsdaten von Anrufen, SMS und IP-Adressen samt Standortinformation vor. Und zwar nicht von Verdächtigen. Sondern von der gesamten Bevölkerung.

Die Geschichte unseres Kampfes gegen die Vorratsdatenspeicherung reicht allerdings noch viel weiter zurück. Schon 2002, als die ersten Entwürfe der Verordnung zur „Data Retention" entstanden, mit voller Power ab 2005, haben wir uns – damals noch unter dem Namen FoeBuD – zusammen mit einem breiten zivilgesellschaftlichen Bündnis gegen die geplante Totalüberwachung aufzulehnen begonnen: Mit einer ganzen Reihe von Großdemos unter dem Motto „Freiheit statt Angst", mit Argumenten, Aufklärung, Kreativität und vielen Aktionen. Digitalcourage war an der Verfassungsklage des Arbeitskreises Vorratsdatenspeicherung (AK Vorrat) beteiligt, die 2010 die Vorratsdatenspeicherung in Deutschland zum ersten Mal zu Fall gebracht hat. Das Bundesverfassungsgericht urteilte, das Gesetz sei verfassungswidrig und nichtig, alle bis dahin gesammelten Daten mussten unverzüglich gelöscht werden.

Damals hieß Digitalcourage noch FoeBuD: Demo gegen Vorratsdatenspeicherung 2007 in Bielefeld

Foto: Digitalcourage, cc by 4.0

Links und weitere Infos: digitalcourage.de/jahrbuch24

Aktuelles und Begleitendes

Mit dem Arbeitskreis Vorratsdatenspeicherung auf der Straße in Berlin 2006

Fotos: AK Vorrat, cc by 4.0

Studien und die Erfahrungen von Ermittlungsbeamten haben längst erwiesen, dass eine Vorratsdatenspeicherung nichts nützt und folglich auch nicht gebraucht wird.

Doch von Fakten oder Grundrechten lassen sich Überwachungspolitiker.innen ungern beirren. Also wurde die Vorratsdatenspeicherung in Deutschland von der großen Koalition 2015 einfach noch einmal aufgelegt. Im November 2016 haben wir als Digitalcourage deshalb unsere Verfassungsbeschwerde gegen dieses neue Gesetz zur Vorratsdatenspeicherung eingereicht.

Mehr als 37.000 Menschen unterzeichneten die Klage damals, über 20 prominente Mitbeschwerdeführende haben sie unterstützt – neben Rena Tangens und padeluun von Digitalcourage waren das unter anderem der Kabarettist Marc-Uwe Kling, der damalige Verdi-Vorsitzende Frank Bsirske, die Schriftstellerin Juli Zeh, der katholische Sozialethiker Friedhelm Hengsbach, der Europaabgeordnete Patrick Breyer und der Vorsitzende des Deutschen Journalistenverbandes Frank Überall.

▶ **Jetzt, nach sieben Jahren (!), wurde über unsere Beschwerde endlich entschieden.**

Der formell-juristische Beschluss lautet: Unsere Klage wird nicht zur Entscheidung angenommen. Faktisch

Großdemo Freiheit statt Angst 2009 gegen Vorratsdatenspeicherung und Massenüberwachung

Fotos: Matthias Hornung, cc by 4.0

Links und weitere Infos: digitalcourage.de/jahrbuch24

Aktuelles und Begleitendes

Infostand mit Patrick Breyer 2011
Foto: Ingo Jürgensmann, cc by 4.0

2013 wurde die Richtlinie vor dem EUGH verhandelt.
Foto: Rena Tangens, cc by 4.0

bedeutet das einen Sieg für uns. Denn zur Begründung heißt es: Der Europäische Gerichtshof habe schon im September 2022 geurteilt, dass die deutsche Vorratsdatenspeicherung mit EU-Recht unvereinbar und deswegen unanwendbar sei. Der Fall ist klar, ein weiteres Urteil nicht nötig. Oder, anders formuliert: Die Vorratsdatenspeicherung ist tot – und toter als tot geht eben nicht.

Das sieht auch das Bundesverwaltungsgericht so. Es hat im September 2023 das Urteil des Europäische Gerichtshofes auf Bundesebene noch einmal bestätigt. Geklagt hatten in diesem Fall der Provider SpaceNet und die Telekom. Fehlt nur noch, dass die Bundesregierung diese Urteile auch endlich umsetzt – und die Gesetzesleiche beerdigt. Das allerdings scheitert bislang am Bundesinnenministerium. Denn die Behörde unter der Leitung von Nancy Faeser möchte einen Zombie namens „IP-Vorratsdatenspeicherung" schaffen.

Bundesjustizminister Buschmann, der nach eigenen Aussagen die Vorratsdatenspeicherung ablehnt, hat schon im Oktober 2022 – also kurz nach dem EuGH-Urteil – eine Alternative vorgeschlagen: Das sogenannte „Quick-Freeze-Verfahren". Liegt ein Verdacht gegen eine Person vor und wird ein Verfahren eigeleitet, könnten Strafverfolgungsbehörden demnach eine routinemäßige Löschung von Daten aussetzen lassen – die Daten werden „eingefroren".

Klageeinreichung 2016: Meinhard Starostik, padeluun, Katharina Nocun, Patrick Breyer, Rolf Gössner
Foto: Digitalcourage, cc by 4.0

Demo-Besuch von Konstantin von Notz, MdB
Foto: Katarzyna Mazur, cc by 4.0

Links und weitere Infos: digitalcourage.de/jahrbuch24

Aktuelles und Begleitendes

Unterschriftenübergabe in Brüssel an Europa-Abgeordnete 2014
Foto: Felix Kindermann, cc by nc 4.0

Abgabe der Verfassungsbeschwerde gegen Vorratsdatenspeicherung 2016
Foto: Tom Kohler, cc by 4.0

Oder, wenn routinemäßig keine Daten gespeichert werden, ab diesem Moment speichern, da nicht alle Provider Verbindungsdaten im laufenden Betrieb routinemäßig wenige Tage speichern. Per richterlichem Beschluss dürften die Behörden die Informationen dann ausgehändigt bekommen (sprich: „auftauen"). In konkreten und begründeten Verdachtsfällen wären Ermittlungen anhand der Verbindungsdaten also auch ohne die Überwachung der gesamten Bevölkerung möglich.

Wir sehen bei diesem Vorschlag noch Nachbesserungsbedarf. Aber ein ernsthafter Dialog über Ermittlungsmethoden, die keine anlasslose Massenüberwachung verlangen, wäre zumindest ein Fortschritt.

Rückmeldungen von Mitgliedern

„ Vielen Dank für den langen Atem und die Durchsetzung im Sinne freier Bürger und der Demokratie. Damit habt ihr mir die Möglichkeit gegeben, als Mitglied zumindest ein ganz kleiner Teil einer großen Errungenschaft sein zu dürfen."

„ Glückwunsch!!! Ihr seid klasse und auch DANKE für euer IMMER-DRAN-BLEIBEN, eure wunderbare Hartnäckigkeit."

„ Glückwunsch und danke für den langen Atem, dafür schätze ich Euch!!!

„ JAAAAAAAAAAAAAAAAAAWOHL !!!SUPER-PHANTASTISCH !!! ZUM TEUFEL MIT DER VORRATSDATENSPEICHERUNG !!! DIGITALCOURAGE !!! MACHT WEITER SOOOOOOOOOOOOOOOOOOOOO!!!"

Illustration: Isabel Wienold, cc by 4.0

Links und weitere Infos: digitalcourage.de/jahrbuch24

Die Privatsphäre von Kindern
Ein nicht verhandelbares Grundrecht

Einen mit vielen Tipps gespickten Ratgeber für Eltern von Teenagern hat Jessica Wawrzyniak, die Medienpädagogin bei Digitalcourage, 2023 veröffentlicht. Wir dürfen hier ein gekürztes Probekapitel abdrucken – empfehlen aber wärmstens die ganze Lektüre!

Erhältlich bei uns im Shop
Buch: Screen Teens
18,00 EUR inkl. 7% USt. zzgl. Versand
Paperback, 224 Seiten
ISBN: 978-3-466-31196-5
▶ shop.digitalcourage.de

Kinderrechte sind in unserem Grundgesetz bislang nicht erfasst. Besondere Regelungen für Kinder und Jugendliche finden sich z.B. in der UN-Kinderrechtskonvention, im Jugendmedienschutzgesetz und in der Datenschutzgrundverordnung (DSGVO). Unabhängig davon, ob jung oder alt, haben wir Persönlichkeitsrechte, die sich in drei Bereiche teilen lassen: Selbstbewahrung, Selbstdarstellung und Selbstbestimmung.

▶ **Recht auf Selbstbewahrung**

Selbstbewahrung ist z.B. das Recht, sich zurückzuziehen und sowohl räumlich als auch sozial allein zu sein. Gerade bei Jugendlichen spielt der Wunsch nach Abkopplung von den Eltern eine große Rolle. Unternehmen hingegen wollen mit den Sorgen und Ängsten von Eltern Geld verdienen: Sie bieten Smart- und Trackingwatches (internetfähige Uhren) oder mit Mikrofonen und Kameras ausgestattete Spielzeuge an (▶ Seite 70). Einige Funktionen in sogenannten „Parenting"-Apps gehen so weit, dass Eltern die Nachrichten ihres Kindes mitlesen oder den Bildschirm aus der Ferne steuern / sperren können. All das sind unverhältnismäßig starke Eingriffe in die Privatsphäre von Kindern.

Tipp: Auch Funktionen, die die Bildschirmzeit begrenzen, sollten vor ihrem Einsatz gut reflektiert werden: Kommt es auf ein paar Minuten an? Ist es nötig, das Kind aus dem Gespräch mit den Freund.innen zu reißen (das gerade so wichtig war), aus dem spannenden Artikel (wo nur noch das Fazit gefehlt hat) oder dem Spiel (welches noch nicht zwischengespeichert wurde)? Technische Überwachungsmethoden können zudem mehr Schaden als Nutzen anrichten: Oft sehen und hören die Anbieter genau das,

Aktuelles und Begleitendes

Jessica Wawrzyniak

was auch die Eltern sehen, inklusive der Bild- und Tonaufnahmen.

▶ Recht auf Selbstdarstellung

Dieses Recht beinhaltet, dass keine verfälschten oder unerwünschten Darstellungen von Menschen in Umlauf gebracht werden dürfen. Jeder Mensch darf selbst entscheiden, wie er oder sie in der Gesellschaft wahrgenommen werden möchte. Daraus ergibt sich außerdem das Recht am eigenen Namen und das Recht am eigenen Bild.

Zum Bereich der Selbstdarstellung zählt außerdem das Recht auf Vertraulichkeit in Wort und Schrift. Das heißt: Weder gesprochene noch geschriebene Worte dürfen unbefugt aufgezeichnet, mitgehört oder anderen zugänglich gemacht werden. Das betrifft auch private Nachrichten in Chats oder Messengern und wird z.B. durch das Anfertigen und Weiterleiten von Screenshots von Chatverläufen häufig missachtet.

Tipp: Sprechen Sie mit Ihrem Kind darüber und achten Sie selbst auf diese Regeln.

▶ Recht auf (informationelle) Selbstbestimmung

Jeder Mensch darf über sich und seinen Körper bestimmen. Auch über die Informationen, die ihn oder sie betreffen. Es darf also jede und jeder selbst entscheiden, welche personenbezogenen Daten erhoben, gespeichert, verändert, angepasst, an Dritte übermittelt, gesperrt oder gelöscht werden. Im Datenschutzgesetz gibt es dazu eine Ergänzung, die Kinder betrifft: Ausdrücklich sind hier Daten, die zu Werbezwecken oder zur Erstellung von Nutzungsprofilen verwendet werden können, als besonders schützenswert genannt. (Erw.Gr. 38, Satz 1 und 2, DSGVO)

Tipp: Finden Sie heraus, welche Daten von Ihnen und Ihrem Kind in Unternehmen und Behörden gespeichert sind, indem Sie einfach dort nachfragen. Suchen Sie im Netz nach „Musterauskunft Art. 15 DSGVO", dann finden Sie Vorlagen zum Kopieren. Schicken Sie diese gemeinsam per Mail oder Post z.B. an Ihre Kinderarztpraxis, die Schule oder den Sportverein Ihres Kindes. Gern auch an den Anbieter des Lieblingsspiels, bei dem Ihr Kind einen Account angelegt hat. Antworten dürfen Sie innerhalb von vier Wochen erwarten. Prüfen Sie gemeinsam, ob die Daten korrekt sind und ob diese Firma diese Daten tatsächlich braucht, um ihren Dienst anzubieten.

Big Toy is watching you

Katrin Schwahlen

Während die Babyboomer noch mit Fußball und Tretroller unterwegs waren, die Generation X auf Lego abfuhr und die Millenials auf dem Gameboy daddelten, wachsen Kinder heute mit vernetztem Spielzeug und Smartwatches auf. Sprechende Puppen werden zur besten Freundin, intelligente Dinosaurier-Figuren hören dem Kind zu, Spielzeugroboter scannen Babys hübsches Gesicht. Eltern wissen per App, wo sich ihre Teenies aufhalten und tracken auch gerne mal deren Browserverlauf.

Die Medienpädagogin Jessica Wawrzyniak stellt in Band 18 der kurz&mündig–Reihe „Smart Toys und Kinder–Tracking-Apps" vor. Kurz und knackig geht sie auf die wichtigsten „intelligenten" Spielzeuge ein und gibt Tipps für Alternativen. Statt digitaler Überwachung plädiert sie für mehr Aufklärung, Gespräche und Vertrauen zwischen Eltern und Kindern. Und klärt in einem Crashkurs über Datenklau, Datenschutz und IT-Sicherheit auf.

Denn auch die Hersteller derartiger Smart Toys und Parenting-Apps haben Kinder und Jugendliche fest im Blick. Kinderdaten sind ein gutes Geschäft. Digitale Spielzeuge sind mit Kameras, Telefonen, Sensoren ausgestattet, sind mit anderen Geräten und Apps vernetzt, zeichnen Gespräche auf. Im digitalen Kinderzimmer bleibt nichts mehr geheim, viele persönliche Daten werden direkt an das Spielzeugunternehmen und häufig auch an andere Firmen weitergegeben.

Obwohl Kinderdaten nach der UN-Kinderrechtskonvention und DSGVO besonders geschützt sind, nehmen es die Firmen mit dem Datenschutz nicht so genau. Da werden nicht nur die Nutzerdaten gespeichert und verkauft, sondern auch Namen, Adressen, Rufnummern, Alter, Bilder und Sprachnachrichten. Auch mit der Sicherheit hapert es bei vielen dieser smarten Geräte: Kamera und Netzzugang können oft leicht gehackt werden.

Links und weitere Infos: digitalcourage.de/jahrbuch24

Videoüberwachung an Schulen

Katrin Schwahlen

Gewalt, Bedrohungen, Beleidigungen gehören zum deutschen Schulalltag. Was liegt näher, als Kameras zu installieren, um Täterinnen und Tätern auf die Spur zu kommen?

Das klingt wie eine einfache Lösung, ist aber keine gute Entscheidung, meinen Rob Hanrath und Jessica Wawrzyniak. Der Lehrer und die Medienpädagogin geben in Band 21 der kurz&mündig-Reihe einen Überblick über die Risiken und Erwartungen zu Videoüberwachung, nehmen unterschiedliche Perspektiven ein und zeigen alternative Lösungsansätze auf. Dabei geht es nicht nur um Gesetze, sondern auch um schulische, pädagogische und psychologische Ansätze.

Der Einsatz von Videoüberwachung in Schulen ist nur unter bestimmten Umständen erlaubt und auch nur dann, wenn andere, mildere Maßnahmen ausgeschöpft wurden. Eine dauerhafte Videoüberwachung während der Schulzeit ist grundsätzlich verboten. Und selbst bei temporärer Überwachung muss der Datenschutz eingehalten werden, die Folgen müssen abgeschätzt, die erhobenen Daten DSGVO-konform verarbeitet und dokumentiert werden. Hinzu kommt die Erstellung eines Löschkonzepts für die Daten und die Einhaltung der Hinweis- und Informationspflicht.

Hanrath und Wawrzyniak gehen besonders darauf ein, warum Videoüberwachung die Grundrechte einschränkt – für Schüler.innen ebenso wie für Lehrkräfte: (Gefühlte) Überwachung führt zu Verhaltensänderungen und psychischem Stress. Die Privatsphäre, die im Schulalltag eh schon zu wünschen übrig lässt, wird weiter eingeschränkt. Die Überwachung selbst verstoße gegen den Bildungsauftrag von Schulen; denn dadurch könnten sich Schüler.innen nicht zu mündigen, freien und demokratischen Menschen entwickeln. Anhand mehrerer Beispiele machen die Autor.innen bewusst, dass Überwachung, wenn überhaupt, nur eingeschränkt wirkt. Aber sie zeigen Alternativen auf, um sich in der Schule sicherer zu fühlen und die Probleme rechtlich, politisch und gesellschaftlich anzugehen.

Digitale Mündigkeit
Wie wir mit einer neuen Haltung die Welt retten können

Egal, wie gut du dich mit Computern auskennst: Mach dir zum Ziel, mündig damit umzugehen. Stell dich der Verantwortung, und der Rest kommt dann (fast) von allein." Das ist das Mantra von Leena Simon, Netzphilosophin (M.A.) und IT-Beraterin, Mitarbeiterin von Digitalcourage. Leena hat den Begriff „Digitale Mündigkeit" geprägt (Website muendigkeit.digital). Sie liebt Technik und pflegt gleichzeitig einen kritischen Blick darauf. Sie macht Mut, sich weder zu verweigern noch auszuliefern, sondern als Einzelne und als Gesellschaft Verantwortung zu übernehmen.

Foto: Leena Simon, cc by 4.0

In ihrem neuen Buch „Digitale Mündigkeit – Wie wir mit einer neuen Haltung die Welt retten können" (Verlag Art d'Ameublement, 2023) beschreibt sie, wie das geht. Einen Auszug ihrer praktischen Tipps finden Sie im Abschnitt „Aktivierendes" auf Seite 162 in diesem Jahrbuch.

Zuvor aber übergeben wir das Wort an Kai Dörfner, der Leena Simons Buch in seinem Blog fundraising-coach.de besprochen und uns erlaubt hat, diese Rezension in unserem Jahrbuch auszugsweise abzudrucken.

▶ Buchtipp von Kai Dörfner:

Als das Buch "Digitale Mündigkeit" von Leena Simon auf Mastodon vorgestellt wurde, lasen einige Leute zuerst "Digitale Müdigkeit" – und das trifft das Grundempfinden bei diesem Thema gar nicht so schlecht. Wir sind im Alltag oft erschlagen von all den sozialen Medien, den Apps am Handy, umständlichen Freigabeprozeduren beim Online-Banking, selbstfahrenden Autos, KI und Cookie-Abfragen etc.

Leena Simon definiert digitale Mündigkeit als „die Bereitschaft und das Engagement, sich die Kompetenzen anzueignen, die man braucht, um für die eigenen Handlungen im digitalen Raum Verantwortung zu tragen." Es geht also nicht um umfangreiches technisches Wissen, sondern um eine Grundhaltung. Als studierte Philosophin schlägt sie den Bogen von Kants Kritik der Aufklärung in die Gegenwart.

Aktuelles und Begleitendes

Das Buch ist ein grandioser Rundumblick in unsere ständig komplexere digitale Welt mit all den Risiken und Nebenwirkungen. Was hat es beispielsweise mit dem digitalen Bargeld auf sich? Warum ist anonymes Bezahlen Bürgerrecht? Weswegen ist der Satz „Ich habe ja nichts zu verbergen" schlichtweg Unfug? Welche Freiheit bietet uns freie Software?

Erhältlich bei uns im Shop
Buch: Digitale Mündigkeit

32,00 EUR
inkl. 7% USt.
inkl. Versand
Hardcover,
336 Seiten
ISBN: 978-3-934636-49-1

▶ shop.digitalcourage.de

Wer das Buch liest, ist danach auf jeden Fall schlauer, weiß mehr über die digitale Welt in ihren Facetten. Doch damit beginnt das Problem für uns Lesende. Denn wo anfangen? Digitale Mündigkeit beginnt etwas mit dem Gefühl der Erschöpfung. **Doch Leena Simon macht Mut. Ihr Buch ist keine wütende Streitschrift mit Publikumsbeschimpfung, sondern durchwegs Mut machend geschrieben.** Sie kennt all die kleinen und größeren Bequemlichkeiten von uns Lesenden und hat Nachsicht mit all denen, die noch nicht die volle digitale Mündigkeit erreicht haben. Doch sie lässt nicht locker, von ihren Leser.innen das Minimum an Anstrengung einzufordern, um auf den Weg der Mündigkeit zu kommen.

Gerade auch Aktive und Verantwortliche in Non-Profit-Organisationen sollten das Buch lesen, denn die Digitalisierung macht vor dem gemeinnützigen Sektor nicht Halt. Und es sind nicht nur Menschenrechtsorganisationen, die sich vor den datensammelnden und trackenden Tools wie Zoom, Facebook, Microsoft-Office-Cloud etc. hüten sollten. Alle Vereine, die nicht ihre sämtlichen internen Protokolle, Kampagnenpläne und Gesprächsnotizen öffentlich für staatliche Stellen im In- oder Ausland zur Verfügung stellen wollen, sollten ihren digitalen Fußabdruck sehr genau ansehen. Wer z.B. Menschen hilft, die von Wohnungslosigkeit, psychischer Erkrankung, Schwangerschaftsabbrüchen, Wohnheimaufenthalten etc. betroffen sind, sollte seine digitale Verantwortung nicht mit dem Einhalten der als lästig empfundenen DSGVO (Datenschutzgrundverordnung) als erledigt ansehen. Das ist nur ein erster Schritt.

"Digitale Mündigkeit" ist ein Buch, das etwas Zeit zum Lesen braucht und mit umfangreichen Literatur- und Netzhinweisen abschließt. Es informiert, ermutigt, entsetzt und motiviert zugleich. Eine uneingeschränkte Leseempfehlung gibt es daher von mir – aber nur, wenn es nicht auf dem Stapel ungelesener Bücher landet!

Links und weitere Infos: digitalcourage.de/jahrbuch24

Föderiert euch!

Leena Simon

Das Jahr 2023 wird in die Social-Media-Geschichte eingehen als „das Jahr, in dem Elon Musk Twitter umbaute". Leena Simon erklärt in ihrem Buch „Digitale Mündigkeit" per Stand März 2023 (▶ Seite 72), warum das Fediverse die bessere Alternative ist und war – Digitalcourage empfiehlt den Umzug ins Fediverse schon seit Jahren. Der folgende Text ist ein Auszug aus Leena Simons Buch.

So langsam dämmert so einigen: Mit den *sozialen Medien* richten wir ganz schönen Schaden in unserem Zusammenleben an. Da es sich letztlich um große Werbefirmen handelt, liegt das Hauptziel nämlich nicht darin, einen guten Rahmen für unsere Kommunikation zu schaffen, sondern möglichst hohe Werbeeinnahmen zu generieren. Was Klicks und Verweildauer generiert, wird verstärkt. Neben Katzenbildern sind das leider hauptsächlich polarisierende, falsche oder agressive Inhalte. Und dann haben wir den Salat.

Dabei gibt es eine zunehmend attraktive Alternative. Das aufstrebende freie und dezentrale Social-Media-Netzwerk „Fediverse" ist angetreten, um es anders zu machen.

Ähnlich wie bei der E-Mail handelt es sich hier nicht um einen einzelnen Dienst mit zentraler Führung, sondern um eine Gemeinschaft, an der alle teilnehmen können, die das Protokoll „ActivityPub" anwenden. Es gibt zahlreiche Plattformen (eine erinnert an Facebook, eine andere an Twitter, die nächste an Youtube und so weiter) und dazu passende Apps und noch viel mehr Instanzen (Server, die eine solche Plattform betreiben). Und alle können miteinander kommunizieren. Das nennt man *föderieren*: Viele große und kleine Instanzen vernetzen sich und damit auch ihre Nutzerinnen.

▶**Mit den sozialen Medien richten wir ganz schönen Schaden in unserem Zusammenleben an.**◀

Das gibt den Nutzern Macht. Denn sie können nicht nur auswählen, welche Funktionen sie sich wünschen (Plattform) und welche App sie dafür nutzen wollen, sondern auch wessen *Community-Regeln* sie gut finden. Und sollte sich mal etwas ändern (die Vorlieben oder die Community-Regeln der Instanz), können sie einfach umziehen – ohne dabei ihre Kontakte zu verlieren. Das bedeutet eben auch: Wenn es mir nicht mehr gefällt, kann ich, ohne groß Schaden zu nehmen, woanders hingehen. Entsprechend kann ich auch viel mehr entscheiden und mitgestalten. Eine *Instanz*, die die Wünsche ihrer Nutzenden nicht berücksichtigt, wird irgendwann verschwinden. Das ist bei Facebook und Twitter anders. Sie igno-

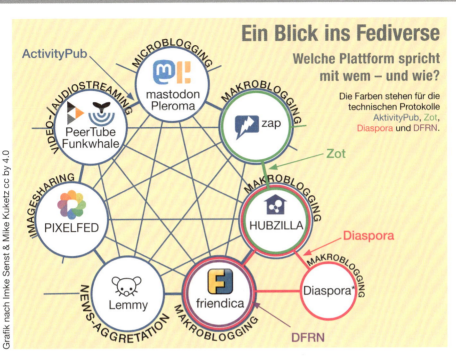

rieren seit Jahren die meisten Wünsche. Oder genauer gesagt: Sie erstreben den Zustand, in dem sie die Nutzenden so viel verärgern, dass sie die Plattform gerade so nicht verlassen.

Dabei haben diese Plattformen einen recht großen Spielraum, da man einen hohen Preis zahlt, wenn man sie verlässt: Man verliert dann nämlich alle dort gepflegten Kontakte.

Da man innerhalb des Fediverse problemlos umziehen kann, ohne diesen Preis zu zahlen, haben die Plattformbetreiber hier eine ganz andere Ausgangslage.

Als Elon Musk 2022 Twitter kaufte, führte er uns sehr deutlich vor Augen, weshalb wir unsere Kommunikation nicht einer Plattform anvertrauen sollten, die zentral gesteuert ist und uns nicht mitreden lässt. Kaum hatte er die Plattform übernommen, änderte sich so einiges auf Twitter. Vormals gesperrte rechte Accounts wurden im Namen der Meinungsfreiheit wieder freigeschaltet, während Kritik an Herrn Musk oder Hinweise auf Alternativen grundlos gesperrt wurden. Den blauen Haken, an dem man zuvor erkennen konnte, ob ein Account verifiziert ist (also tatsächlich zu der Person gehörte, für die er sich ausgab), kann man sich nun (Stand November 2023) einfach kaufen, was das Vertrauen in seine Funktion untergräbt. Dadurch änderte sich auch der Umgangston auf Twitter, da Musk signalisierte, dass er Hass mit *Meinungsfreiheit* gleichsetze.

Aktuelles und Begleitendes

Der Kolumnist Hendrik Wieduwilt fragt: „Mit seiner Art leitet Musk eine Zeitenwende für die sozialen Medien ein, verwirklicht den Albtraum aller Debatten über Plattformregulierung der vergangenen Jahrzehnte: Was wäre, wenn an der Spitze einer Plattform nicht mehr ein sich zumindest öffentlich neutral gebender Vorstandschef stünde, sondern jemand mit politischem Eifer und Durchgriffslust? Wenn so jemand Ideen von Millionen Nutzern lenkte?" (Link zur Quelle auf der Jahrbuch-Webseite) Von Mastodon als Alternative ist Wieduwilt allerdings auch nicht überzeugt. Merkwürdigerweise ist die Kritik an den Alternativen oft viel strenger als die am Status quo.

Verärgerte Twitter-User wechselten in Scharen zur Fediverse-Plattform *Mastodon* (die in ihrer Funktionsweise Twitter ähnelt) und mussten feststellen, dass Freiheit eine Medaille mit zwei Seiten ist. Denn Freiheit ist auch anstrengend. Man muss sich entscheiden, wo man den Account anlegen möchte und die neuen Funktionen kennenlernen. Die neue Freiheit wurde nicht selten als Nachteil und Entscheidungsoptionen als Last empfunden.

Und tatsächlich gibt es am Fediverse auch vieles zu kritisieren. Der Umstand, dass wir uns hier die Kommunikationsregeln selbst geben können, beinhaltet auch die Tatsache, dass wir dabei viele Fehler machen können und dass wir auf viele Fragen noch keine Antworten haben. Ein Problem, das wir auch aus der Demokratie kennen, das uns hier allerdings nicht dazu bewegt, der Diktatur den Vorzug zu geben.

Digitalcourage betreibt eine eigene Mastodon-Instanz, digitalcourage.social, bei der wir selbst die Regeln bestimmen. Die Instanz ist offen für neue Mitglieder. Wir nehmen einen kleinen finanziellen Beitrag für diese Dienstleistung – padeluun erklärt ab Seite 78, warum auch das Fediverse eine Professionalisierung braucht.

Erhältlich im Digitalcourage-Shop!
Fediverse
So geht gutes Social Media

Band 16 der Reihe „kurz&mündig"
DIN A 6, 28 Seiten geheftet
ISBN 978-3-934636-45-3
Preis: 5,00 € incl. Versandkosten
Auch als Kauf-PDF oder
„fair-use PDF" erhältlich
▶ shop.digitalcourage.de

Tipps für den Einstieg ins Fediverse

🚀 Erwarten Sie nicht, dass Ihnen alles vorgekaut wird. Trainieren Sie Ihre digitale Mündigkeit und informieren Sie sich eigenständig. Zum Beispiel unter digitalcourage.de/fediverse.

🚀 Wählen Sie Ihre Instanz mit Bedacht: Nehmen Sie nicht die erstbeste, die alle nehmen, sondern eine kleinere Instanz, auf der Menschen sind, mit denen Sie Interessen teilen. Denn diese sind so etwas wie digitale Nachbarn. Für deren Beiträge gibt es eine eigene Zeitleiste, und außerdem sind das die Menschen, mit denen Sie die Regeln Ihrer Instanz aushandeln.

🚀 Lassen Sie sich nicht verunsichern. Wählen Sie zur Not für den Anfang eine beliebige Instanz und finden Sie dann heraus, welche Instanz besser zu Ihnen passt. So lernen Sie auch frühzeitig, wie ein Instanzwechsel funktioniert.

🚀 Im Fediverse haben Hashtags (Wörter mit einem #-Zeichen davor) eine zentrale Rolle. Verwenden Sie sie in Ihren Nachrichten und nutzen Sie sie auch, um nach bestimmten Themen zu suchen.

🚀 Der Hashtag #neuhier ist hervorragend geeignet, um sich vorzustellen oder „dumme" Fragen zu stellen.

🚀 Beschäftigen Sie sich mit den Implikationen der Föderation. Denn sie hat weitreichende Folgen: Sie bekommen beispielsweise in Ihrer globalen Timeline nur Nachrichten angezeigt von Accounts, denen irgendein Account Ihrer Instanz folgt. Das sind meist ziemlich viele, aber eben nicht alle. Entsprechend gibt es auch verschiedene Arten von Nachrichten, zum Beispiel öffentliche, private aber auch „ungelistete", die eben nicht in den verschiedenen Timelines angezeigt werden.

🚀 Lassen Sie sich darauf ein. Bei E-Mail mussten sich auch alle für einen Provider entscheiden, und das haben wir ja auch geschafft. Wenn Ihnen etwas überfordernd vorkommt, ist das kein Grund, hinzuschmeißen. Jedes neue Programm muss man erst einmal kennenlernen.

Aktuelles und Begleitendes

Zehn Schritte zum Aufbau eines Social-Media-Paradieses

padeluun

Fediverse Logo, cc0

Viele Jahre haben wir darauf gewartet, dass wir etwas haben, was wir Facebook, Twitter, Instagram und Youtube entgegen setzen können. Nun ist es da: Das Fediverse. Im Gegensatz zu zentralisierten Plattformen ermöglicht das Fediverse die Interaktion und den Austausch zwischen allen sozialen Netzwerken, weil sie das gemeinsame technische Protokoll ActivityPub nutzen.

Wir wünschen uns ein **finanziell stabiles und kommerziell erfolgreiches Netzwerk**, das viele Arbeitsplätze schafft. Denn wenn wir es nicht professionell aufziehen, also mit bezahltem Personal, werden wieder die BigTech-Konzerne den Rahm abschöpfen. Als Teilnehmerin kommt man leicht ins Fediverse: Instanz finden (z.B. digitalcourage.social), Account erstellen, fertig. Aber es braucht auch viele Menschen, die solche Instanzen betreiben. Dieser Leitfaden ist ein Schritt-für-Schritt-Konzept für alle, die ein solches Netzwerk stabilisieren wollen.

🚀 Schritt 1: Ausprobieren, ausprobieren, ausprobieren!

Schauen Sie sich in den Netzwerken um und probieren Sie Fediverse-Software aus (zum Beispiel bei uns).

🚀 Schritt 2: Business-Plan

Überlegen Sie, wie Sie Ihren Dienst finanzieren wollen. Damit das alles gut laufen kann, brauchen Sie Hilfe: Bei der Technik, der Geschäftsführung, beim Community Organising oder Marketing. Überlegen Sie sich eine Struktur (UG? GmbH? Verein? Genossenschaft?) und mit welcher Software Sie das verwalten wollen. Digitalcourage nutzt die freie Datenbanksoftware CiviCRM.

Schritt 3: Softwareauswahl

Das Herzstück des Fediverse ist das ActivityPub-Protokoll. Es ermöglicht die Interaktion zwischen verschiedenen sozialen Plattformen, die die gleiche Schnittstelle unterstützen. Daher ist es von entscheidender Bedeutung, dass Ihre Plattform ActivityPub unterstützt.

Schritt 4: Servereinrichtung

Nachdem Sie sich für eine (oder mehrere?) ActivityPub-fähige Software entschieden haben, müssen Sie einen ausreichend dimensionierten Server im europäischen Rechtsraum einrichten, um Ihre Plattform zu hosten.

Schritt 5: Domain und SSL-Zertifikat

Wählen Sie eine geeignete Domain für Ihre Plattform und registrieren Sie sie bei einem Domain-Registrar Ihrer Wahl. Denken Sie auch an ein SSL-Zertifikat!

🚀 Schritt 6: Plattformkonfiguration

Installieren Sie die Software auf Ihrem Server und führen Sie die Grund-Konfiguration durch. Legen Sie fest, wie Ihre Plattform heißen soll, und lassen Sie das Design von jemanden anpassen, der sich mit Oberflächengestaltung auskennt.

🚀 Schritt 7: Datenschutz und Sicherheit

Stellen Sie sicher, dass Ihre Plattform die Privatsphäre respektiert und persönliche Informationen angemessen schützt.

🚀 Schritt 8: Föderation

Der Kern des Fediverse-Konzepts ist die Föderation. Ihre Plattform muss mit anderen ActivityPub-kompatiblen sozialen Netzwerken kommunizieren können. Stellen Sie sicher, dass die Föderation korrekt eingerichtet ist, sodass Menschen auf Ihrer Plattform mit Menschen auf anderen Plattformen interagieren können.

🚀 Schritt 9: Moderation

Richten Sie ein angemessenes Moderationssystem ein, um den Nutzungskomfort zu gewährleisten und sicherzustellen, dass Ihre Plattform frei von illegalem Inhalt und Missbrauch bleibt. Klare Richtlinien und Verhaltensregeln fördern eine positive Gemeinschaft.

Tauschen Sie sich mit anderen Plattformen aus – wir lernen alle voneinander.

🚀 Schritt 10: Wachstum und Skalierung

Sobald Ihre Plattform live ist, sollten Sie sie bekannt machen und eine aktive Nutzergemeinschaft aufbauen. Im Ernst: Verteilen Sie Werbezettel in Briefkästen. Behalten Sie die Serverauslastung im Auge und skalieren Sie sie bei Bedarf. Behalten Sie ihre Geschäftsstruktur im Auge: Stocken Sie auch Ihr Personal auf, aber werden Sie nicht zu groß. Echtes Social Media muss überschaubar bleiben. Einen Richtwert sehen wir bei 50.000 Teilnehmer.innen. Damit lässt sich der Betrieb finanzieren, ohne zu groß zu sein.

▶ Fazit

Das Aufbauen eines föderierten sozialen Netzwerks im Fediverse basierend auf dem ActivityPub-Protokoll erfordert sorgfältige Planung. Sie brauchen ein klares Verständnis für Geschäftliches und für die Bedürfnisse Ihrer Teilnehmenden und Ihrer Kolleg.innen. Durch die Bereitstellung einer sicheren, (benutzungs)freundlichen und föderierten Plattform können Sie dazu beitragen, die Ideale des dezentralisierten Internets zu fördern und positive Online-Gemeinschaften mitzugestalten.

Damit können Sie die Welt besser machen.

Mehr zum Fediverse finden Sie auf
▶ Seite 75 und auf
🔗 digitalcourage.de/fediverse

Gegen Digitalzwang:
Das Recht auf ein analoges Leben

Leena Simon und Rena Tangens

In Bademänteln gehüllt sitzen wir im Ruhebereich der Sauna, als eine Mitarbeiterin die Frau neben uns freundlich bittet, ihr Smartphone in den Spind zu bringen. „Hier ist digital detox." Wir atmen parallel auf. In der Sauna hat ein Smartphone mit seiner Maxi-Megapixel-Kamera nun wirklich nichts zu suchen. Und wir genießen es, hier auf Leute zu treffen, die aufrecht gehen und zu denen Blickkontakt möglich ist, weil sie nicht permanent auf ein Display schauen. Was in den meisten Saunen normal ist, wird in der Außenwelt immer schwieriger. Dort ist man nicht nur von immer mehr Smartphone-Zombies umgeben, sondern wird zunehmend unter Druck gesetzt, sich ihnen anzuschließen.

Denn viele Vorzüge des Lebens setzen heute die Nutzung digitaler Dienste voraus: Die Banking-App kann nur installieren, wer sich den Geschäftsbedingungen von Google oder Apple unterwirft; Pulsuhren sind ohne App quasi unbrauchbar; das Balkonkraftwerk wird über eine App gesteuert; Elektroroller funktionieren nur mit der App aus den angeblich so „marktüblichen" App-Stores; auch die Bahn setzt mehr und mehr auf Online-Tickets und in vielen Uni-Mensen gibt es die umweltfreundliche Mehrwegverpackung nur noch per App.

Wann aber wird bei der Ausbreitung digitaler Dienste die Grenze zur strukturellen Benachteiligung überschritten, wann werden sie zum Zwang? Wenn der Postdienstleister DHL ein Paket ungefragt in eine Packstation legt, die nur noch per Smartphone zu öffnen ist? Wenn das Deutschlandticket nur noch mit Smartphone genutzt werden kann? Wenn der Kauf von Bahntickets an Bord nur noch per App möglich ist? All dies ist bereits Realität.

Sollte einleuchtend sein:
In der Sauna haben Taschenspione aller Art nichts verloren.

Foto: padeluun, cc by 4.0

Links und weitere Infos: digitalcourage.de/jahrbuch24

Aktuelles und Begleitendes

Collage: Isabel Wienold, cc by 4.0

▶ Was ist Digitalzwang?

Der Verein Digitalcourage hat diese Entwicklung anhand zahlreicher Beispiele mit dem Begriff „Digitalzwang" so umschrieben: Digitalzwang liegt vor, wenn:

- ▶ es sich nicht um einen Extraservice handelt und ein Verzicht auf diese Leistung die Teilhabe am öffentlichen Leben einschränkt, also eine Diskriminierung entsteht, insbesondere bei staatlichen Leistungen;
- ▶ wenn es keine analoge Alternative gibt, obwohl das technisch möglich wäre;
- ▶ wenn die analoge Alternative durch etwa höhere Kosten oder größeren Aufwand so unattraktiv gemacht wird, dass sie faktisch nicht infrage kommt.[1]

Digitalzwang tritt zudem in verschiedenen Varianten auf. Unterschieden wird zwischen:

- ▶ einem **Digitalisierungszwang**, wenn man einen Computer oder ein Smartphone sowie eine Internetanbindung besitzen muss, um an einem Prozess teilzunehmen, und es keine Alternativen mehr gibt.
- ▶ einem **App- oder Smartphonezwang**, wenn eine bestimmte App und damit auch ein Smartphone sowie Zugang zum App-Store vorausgesetzt werden.
- ▶ einem **Konto- oder Accountzwang**, wenn ein Dienst nur nach Anlegen eines Kontos genutzt werden kann, obwohl es auch anders ginge – etwa, wenn man sich um einen Job nur bewerben kann, indem man bei einem Bewerbungsportal ein Konto anlegt.
- ▶ schließlich dem **Datenabgabezwang**, sprich: Man kann einen Dienst erst in Anspruch nehmen, wenn man einwilligt, dass im Gegenzug Daten gesammelt werden, sei es durch Cookie-Banner, Apps mit Google-Diensten oder Werbetracking.

---

1 vgl. Leena Simon, Digitalzwang, 🔗digitalcourage.de, 24.4.2023.

Aktuelles und Begleitendes

Wir Smartphone-Zombies: Der Griff zum Gerät ist für viele längst ein Automatismus geworden.

Foto: Rawpixel.com, cc0, via Wikimedia Commons

Natürlich ist nicht jeder Dienst, den es nur online gibt, Digitalzwang. Solange es sich um Zusatzdienste handelt, ist prinzipiell nichts dagegen einzuwenden. Das Einchecken am Platz zur schaffnerlosen Fahrkartenkontrolle ist in der Bahn beispielsweise nur per App möglich und dennoch kein Digitalzwang. Die Bahn lässt allerdings mittlerweile schleichend diverse analoge Dienste unter den Tisch fallen, die Fahrgäste brauchen, um ohne zusätzlichen Stress reisen zu können: etwa Informationen über Verspätungen und Anschlusszüge, den Wagenstandsanzeiger, den Fahrkartenkauf an Bord von Fernzügen, Reservierungen oder das Austeilen von Erstattungsformularen. Wenn die Bahn nun auch noch den Ticketkauf gegen Bargeld am Fahrkartenautomaten abschaffen würde, gäbe es keine Möglichkeit mehr, unüberwacht Bahn zu fahren.[2]

Die Grenzen sind nicht nur innerhalb eines Dienstes fließend, sondern auch gesamtgesellschaftlich: Wenn ein Laden auf reinen Onlineverkauf setzt, ist das noch kein Problem, und wer würde schon von Amazon erwarten, dass es einen Papierkatalog oder Filialen anbieten muss? Aber wenn es bestimmte Produkte nur noch online zu kaufen gibt, wenn beispielsweise Theaterkassen schließen und Konzertkarten nur noch online erworben werden können, schließt das Menschen ohne Smartphone, Computer und Internet aus. Wir können nicht warten, bis es nur noch einen einzigen verbliebenen Anbieter für ein analoges Angebot gibt und diesem dann auferlegen, es fortführen zu müssen, weil andernfalls Digitalzwang entstünde. Da müssen wir schon früher ansetzen.

Ob ein Dienst Digitalzwang hervorruft, hängt nicht davon ab, welche Angebote die Konkurrenz macht. Es sind vor allem die Grundversorger, die in der Verantwortung stehen, ihre Dienste allen Menschen gleichermaßen zugänglich zu machen. Doch selbst staatliche Leis-

---

[2] Erste Schritte in dieser Richtung hat die Deutsche Bahn bei Sparpreisen für Oktober 2023 angekündigt

Links und weitere Infos: digitalcourage.de/jahrbuch24

tungen und Angebote der Grundversorgung werden zunehmend an das Smartphone gekoppelt.

▶ Eingeschränkte Grundversorgung

Die Deutsche Post DHL etwa rüstet derzeit ihre Packstationen so um, dass sie nur noch mit Smartphone und extra installierter Post- und DHL-App funktionieren. Damit schließt sie Menschen aus, die die mit Trackern verseuchte App nicht auf ihrem Gerät installieren wollen oder schlicht kein Smartphone haben. Auch diese erhalten neuerdings Zustellbenachrichtigungen für Packstationen und stehen dann ratlos vor einer gelben Wand ohne Display. Hier wird Zug um Zug eine Leistung der Grundversorgung – nämlich Pakete empfangen zu können – mit Digitalzwang und damit auch Überwachung belegt. Anstatt weiterhin auch einen guten analogen Service für all jene anzubieten, die sich gegen das Smartphone entscheiden, geht die Post sogar noch weiter: Sie möchte das Postgesetz anpassen und damit verschlechterten Service sowie ihren Digitalzwang legalisieren lassen. So will sie künftig Postfilialen durch aufgemotzte Packstationen ersetzen, die weder barrierefrei sind noch persönliche Beratung und Hilfestellung vor Ort anbieten und an denen man nicht einmal mehr eine Briefmarke mit Bargeld bezahlen kann. Für dieses Gesamtpaket

„Digitalzwang Plus" verlieh der Verein Digitalcourage der Deutschen Post DHL in diesem Jahr einen „BigBrother-Award".[3]

Zusammen mit den vielen kleinen Annehmlichkeiten, auf die man „freiwillig" verzichtet, wenn man sich heute für ein Leben ohne Smartphone entscheidet, stellt das eine beträchtliche Einschränkung dar. Doch so gerne die meisten von uns auf den kleinen Glasscheiben herumwischen: Ob wir uns ein solches Gerät zulegen und mit uns führen, sollte auch in Zukunft eine freie Entscheidung bleiben.

▶ Im Dienst des Überwachungskapitalismus

Tatsächlich gibt es noch immer viele Menschen, die ohne Smartphone und Internetzugang leben: Im Alter zwischen 16 und 74 Jahren sind das hierzulande sechs und europaweit sieben Prozent. Darunter vor allem alte und arme Menschen. Die einen sind von den komplizierten Geräten, die ständig ihre Regeln ändern, überfordert, die anderen können

▶ **Andere können sich die Kosten schlichtweg nicht leisten.** ◀

sich die teuren Smartphones und die monatlichen Kosten schlichtweg nicht leisten. Denn die meisten Apps verlangen permanenten Internetzugang. Da bleibt es nicht bei den Anschaffungskosten, sondern es fal-

---

3 BigBrotherAward-Laudatio für die Deutsche Post, Jahrbuch-Seite 146

len laufend Kosten für mobile Daten an. Beide Probleme werden sich in Zukunft kaum lösen lassen. Denn auch die Generation der sogenannten digital natives wird dereinst feststellen, dass das Gehirn im Alter unflexibler wird und schon von Kleinigkeiten wie der Änderung eines App-Icons aus der Bahn geworfen werden kann. Der Glaube, das Problem löse sich mit der Zeit von selbst – wenn die „digitalen Analphabeten" eines Tages ausgestorben sind –, ist schlicht naiv, unsolidarisch und zynisch.

„Ich bin alt, aber kein Idiot" – unter diesem Motto startete der Rentner Carlos San Juan de Laorden im vergangenen Jahr eine Petition, die sich gegen die in Spanien noch weiter als hierzulande verbreitete Tendenz richtete, Bankfilialen und Geschäfte zu schließen und menschlichen Service durch Bandansagen und Apps zu ersetzen. Mit überraschendem Erfolg: Über 600 000 Unterschriften kamen zusammen. Daraufhin sagte die Bank zu, die Öffnungszeiten zu verlängern und ihr barrierefreies Angebot auszubauen.[4]

Neben Alter und Armut gibt es viele weitere Gründe, weshalb Menschen lieber ohne Smartphone leben wollen, und die meisten sind höchst individuell: Pia wurde über ihr manipuliertes Smartphone von ihrem Ex-Freund gestalkt und hat erst Mal die Nase voll davon. Özgür legt Wert darauf, nur Technik zu benutzen, bei der er versteht, was sie tut. Jutta hat die Tracker in verschiedenen Apps analysiert und möchte diese nicht installieren – gerade weil sie weiß, was sie tun. Mark hat seit kurzem ein

Entgiftung tut gut: Warum nicht öfter mal analog leben?

Foto: Michael Coghlan from Adelaide, Australia, cc by-sa 2.0

[4] Quelle: Ursula Scheer, Der alte Mann und die Bank, faz.net, Link auf Jahrbuch-Webseite; Gustav Fauskanger Pedersen, Alt, aber nicht dumm: Rentner kämpft gegen Überdigitalisierung, iglobenews.org, Link auf Jahrbuch-Webseite

Links und weitere Infos: digitalcourage.de/jahrbuch24

Aktuelles und Begleitendes

Kind und möchte während der ersten drei Jahre in dessen Anwesenheit kein Smartphone nutzen. Samira möchte in den Urlaub kein Smartphone mitnehmen. Laszlo besaß jahrelang ein Smartphone und genießt es heute, Menschen und Umgebung ganz anders wahrzunehmen, Langeweile im Wartezimmer auszuhalten und einen Ausflug bewusst zu erleben, statt ihn vor lauter Selfies und Videoaufnahmen zu verpassen. Ricarda kennt sich mit Datenschutz, targeted advertising – gezielter Werbung – und Demokratie aus und geht deshalb zumindest den fünf größten Tech-Konzernen Google, Apple, Facebook, Amazon und Microsoft (kurz: GAFAM) aus dem Weg. Sie hat zwar ein Smartphone, doch darauf verwendet sie ausschließlich Apps, die sich nutzen lassen, ohne dass die GAFAM davon etwas mitbekommen. Carlos hat Parkinson und kann ein Smartphone mit seinen zittrigen Fingern nicht gut bedienen. Und Tilde hat den Zweiten Weltkrieg überlebt und weiß, welch fatale Folgen mediale Manipulation haben kann. Gerade weil die Gründe, die gegen ein Smartphone sprechen, so individuell sind, dürfen wir das Anliegen, ohne Smartphone leben zu wollen, nicht einfach ignorieren. Erst recht nicht, weil der Überwachungsdruck, der von diesen Geräten ausgeht, immens ist.

Dennoch wird die Forderung nach analogen Alternativen gerne als Technikfeindlichkeit abgetan. Wer auf digitale Vorzüge verzichten wolle, müsse

Erhältlich bei uns im Shop!
Das Zeitalter des Überwachungskapitalismus
von Shoshana Zuboff.
Aus dem Englischen von Bernhard Schmid

Gebundene Ausgabe:
727 Seiten mit Lesebändchen
Verlag: Campus
ISBN-13: 978-3593509303
Preis: 29,95 EUR
inkl. MwSt.und Versand

▶ shop.digitalcourage.de

sich eben mit den damit verbundenen Nachteilen abfinden. Doch der Vorwurf verkennt, dass viele auf digitale Technik verzichten, weil dabei oft nicht das Wohl der Menschen im Mittelpunkt steht, sondern diese vor allem dem Überwachungskapitalismus dient.[5]

▶ **Das Recht auf ein analoges Leben**

Wie sehr durch die – unkritische – Nutzung digitaler Dienste Prozesse angestoßen werden, die Demokratie, Freiheit und Wissenschaft aushöhlen und in akute Gefahr bringen, ist vielen Menschen gar nicht bewusst. Eine Gesellschaft, die auch noch die wenigen Widerständigen unter Druck setzt, sich zu fügen, untergräbt schlicht ihr demokratisches System. Digitale Dienste nicht zu nutzen, ist daher mitunter eine höchst politische Entscheidung.

---

5 Dazu Shoshana Zuboff, Der dressierte Mensch. Die Tyrannei des Überwachungskapitalismus, in: „Blätter", 11/2018, S. 101-111

Aktuelles und Begleitendes

Foto: Digitalcourage, cc by 4.0

Mehr als eine Lifestyle-Frage: Wir fordern Wahlfreiheit statt Digitalzwang!

Der Publizist Heribert Prantl fordert folgerichtig ein neues Grundrecht: das Recht auf ein analoges Leben.[6] Viele kleine Einschnitte sind für sich genommen vielleicht nicht weiter erwähnenswert, aber in ihrer schieren Masse sind sie eben doch nicht mehr zumutbar. Mindestens bei allen Diensten der Grundversorgung muss es weiterhin immer auch eine analoge Alternative geben. Das gebieten uns Werte wie Fairness, Inklusion und Freiheit. Auch wenn wir selber gerne auf das Smartphone und digitale Angebote zurückgreifen, sollten wir für die analogen Alternativen streiten. Auch wenn wir die Vorzüge der Technik lieben, sollten wir uns gegen Digitalzwang einsetzen. Das ist ein Akt der Solidarität.

In der Sauna ist „digital detox" eher eine Lifestyle-Frage. Doch es geht um weitaus mehr: Es geht um Wahlfreiheit. Es geht darum, den Alltag bewältigen und am öffentlichen Leben teilhaben zu können, auch wenn wir uns dafür entscheiden, uns nicht von einem Taschenspion auf Schritt und Tritt überwachen zu lassen. Und schließlich kann Technik auch anders gestaltet werden: datenschutzkonform, barrierefrei und menschenfreundlich.

Es liegt an uns, das zu fordern und entsprechende Entwicklungen, Produkte und Dienste zu honorieren. Wir müssen deshalb eine Nachfrage für eine Technik erzeugen, die uns mündig sein lässt. Dazu aber brauchen wir die Wahl. Wenn der Preis für eine solche Entscheidung zu hoch wird und wir genötigt werden, Produkte zu nutzen, die wir eigentlich ablehnen, verlieren wir unseren freien Willen. Gerade weil wir Technik lieben, wollen wir sie mitgestalten. Wir wollen uns nicht zermürben lassen von den vielen kleinen und großen Benachteiligungen. Und wir wollen uns nicht der ständigen Überwachung beugen, die (ganz) nebenbei erfolgt.

---

6 Quelle: Heribert Prantl, Wer kein Handy hat, wird ausgeschlossen, süddeutsche.de, Link auf Jahrbuch-Webseite

Links und weitere Infos: digitalcourage.de/jahrbuch24

Rena Tangens zu Gast im Kabarett

Ein Gastbeitrag von Ingo Börchers

Ingo Börchers ist Bielefelder Kabarettist und Schauspieler. Kurz vor Silvester lädt er regelmäßig Publikum und Talk-Gäste zu einem satirischen Jahresrückblick ins Theater am Alten Markt in Bielefeld ein.

Bielefeld ist nach wie vor eine chronisch unterschätze Stadt. Auch gerade, wenn man schaut, welch relevante Impulse von bemerkenswerten Persönlichkeiten gegeben werden. Impulse, die oft viel weiter reichen als unsere Stadtgrenzen. Und tiefer schürfen als möglicherweise gedacht.

Zu diesen Persönlichkeiten gehört seit Jahr und Tag und ohne Wenn und Aber Rena Tangens. Die Jeanne d'Arc des Datenschutzes. Die Pionierin des Internets. Die Frau, die früher als andere erkannt hat, dass das Digitale nicht allein technische, sondern gesellschaftspolitische Fragen aufwirft. Dass sie Persönlichkeit des Verbraucherschutzes ist und Trägerin des Bielefelder Frauenpreises, dass sie gemeinsam mit padeluun die Ehrennadel der Stadt Bielefeld am Revers tragen darf – dass alles zeigt doch, dass ich nicht der einzige bin, der sagt: „Rena Tangens? Find ich gut."

Bisher zwei Mal habe ich sie zum Bielefelder Jahresrückblick ins Theater am Alten Markt als Talkgast einge-

Ingo Börchers und Rena Tangens beim satirischen Jahresrückblick 2022

Foto: Digitalcourage, cc by 4.0

laden. Zwei Mal hat sie diese Einladung nicht abgeschlagen. Jedes Mal verstand sie es, dem Publikum und mir komplexe Sachverhalte niedrigschwellig zu erklären, eine klare Haltung an den Tag zu legen und uns allen zu denken zu geben.

Nach den Vorstellungen sind wir jeweils im Lorca (die Tapasbar im Theater) hängengeblieben. Die Gespräche gingen weiter, wurden interdisziplinär und drehten sich nie im Kreis. Liebe Rena Tangens, den Tellerrand, über den Du nicht hinausblicken kannst, wird kein Porzellanhersteller je fabrizieren können.

Schön, dass es Dich gibt. Danke, dass ich ein wenig von Dir kennenlernen durfte. Ich bin neugierig auf mehr.

Links und weitere Infos: digitalcourage.de/jahrbuch24

Freedom not Fear 2023
Barcamp für Aktivist.innen aus ganz Europa

Gespannt betreten wir am 1. September 2023 das „Mundo Madou", den neuen Veranstaltungsort für Freedom not Fear in Brüssel. Es erweist sich als Glücksfall: Die technische Ausstattung ist perfekt für unsere Zwecke und die Lage der Räume, ein großzügiger Innenhof und vor allem die lichtdurchflutete Lobby und Cafeteria schaffen die passende Atmosphäre für Austausch, Netzwerken und gemeinsames Planen.

Freedom not Fear ist ein jährliches Barcamp für Aktivist.innen aus ganz Europa, die sich für Datenschutz, Grundrechte, Freiheit und Demokratie engagieren. Die Nähe zum Europäischen Parlament und dessen Abgeordneten ist dabei beabsichtigt und essenziell für die Veranstaltung. Am Wochenende können Treffen mit Entscheidungsträger.innen auf EU-Ebene inhaltlich und strategisch vorbereitet werden. Der obligatorische Gruppenbesuch des EU-Parlaments einschließlich der Treffen mit einigen EU-Abgeordneten am Montag soll dazu beitragen, die Scheu vor dieser riesigen Institution und ihren komplizierten Mechanismen zu verlieren und sich mutig in die europäische Gesetzgebung einzumischen.

Um die Veranstaltung für alle Interessierten bezahlbar zu machen, bemühen wir uns jedes Jahr, Reisekostenzuschüsse und andere Mittel aufzutreiben. Beantragt und organisiert wird das alles von Digitalcourage unter Mithilfe eines internationalen Teams von Ehrenamtlichen. Die Einbeziehung von Leuten aus verschiedenen Ecken Europas schon in der Vorbereitung sorgt für den internationalen Charakter, der für die Arbeit auf europäischer Ebene so wichtig ist.

Einen spannenden und streitbaren Einstieg lieferte am Freitagabend der Europäische Datenschutzbeauftragte Wojciech Wiewiórowski mit seinem Vortrag: „Fediverse für öffentliche Administration: Warum wir es versuchen und warum wir versagen". Als Reaktion fand sich eine Gruppe zusammen, die Herrn Wiewiórowski nicht nur davon überzeugen wollte, dass Versagen hier keine Option ist, sondern am Samstag mit ihm zusammen direkt einen handfesten Plan ausarbeitete, wie es eben doch funktionieren kann.

▶ **Sich mutig in die europäische Gesetzgebung einmischen** ◀

Ein Highlight für viele war der Austausch über nationale Grenzen hinweg: „Was passiert digitalpolitisch gerade in deinem Land?" Dabei fanden sich schnell Gruppen zusammen, die in ihren jeweiligen

▶ Links und weitere Infos: digitalcourage.de/jahrbuch24

Aktuelles und Begleitendes

Ländern am selben Thema arbeiten. Der Austausch dauerte den ganzen Samstagvormittag, immerhin waren von Zypern bis Norwegen, Portugal bis Slowenien, aus dem Baskenland, Griechenland und Finnland, aber auch aus Frankreich, Belgien, Deutschland, Österreich, den Niederlanden und Tschechien mehr als 100 Teilnehmende angereist.

Die Botschaft, die der Veranstaltung den Namen gibt – „Freiheit statt Angst" – finden viele angesichts wachsender Überwachung wichtiger denn je. Großen Zuspruch hatte dementsprechend der Austausch zum Thema: „Der Angstgesellschaft etwas entgegensetzen: Welche Narrative haben wir und wollen wir haben?", der die Beteiligten inspiriert und motiviert mit kämpferischer Grundstimmung entließ.

Weitere Themen waren zum Beispiel „Large Language Models (LLM)", die sogenannte Web Environment Integrity (WEI) – ein Vorstoß von Google, der das Ende des offenen Internets bedeuten könnte – der „Krieg gegen das Bargeld", neuester Stand zur Chatkontrolle und dem Digital Service Act, oder ein Blick auf die aktuellen Zustände im globalen Süden, live übertragen aus Pakistan.

Insgesamt gab es über 50 Angebote, von „Lightning talks" über Präsentationen und Workshops bis zu Aktionsplanungen – es gab viel zu diskutieren. Ein Leitfaden der Veranstaltung war in diesem Jahr unser Bestreben, eine gemeinsame Vision für gute Digitalpolitik in Europa zu entwickeln. Beim Brainstorming, in Schreibrunden oder im Plenum konnten sich alle daran beteiligen.

Pausengespräch vor dem FnF-Veranstaltungsort

Foto: Sapi Ullrich, cc by 4.0

Fast 80 Leute besuchten zum Abschluss am Montagmorgen auf Einladung der Abgeordneten Patrick Breyer und Alexandra Geese von der Fraktion der Grünen / Europäische Freie Allianz das Europäische Parlament. Ein Teilnehmer, der zum ersten Mal dabei war, meldete nach dem Besuch zurück: Was sich für ihn als Graswurzelaktivisten erst komisch anfühlte, empfand er bald als Ermutigung: direkten Kontakt zu Europapolitiker.innen aufzunehmen, Einfluss nehmen zu können. Im kommenden Jahr will er mithelfen, Freedom not Fear zu organisieren.

Ohne den Einsatz der vielen Ehrenamtlichen in der Vorbereitung und vor Ort wäre die Organisation von Freedom not Fear nicht zu stemmen – an dieser Stelle nochmal ein herzlicher Dank an alle, die Kaffemaschinen organisiert, Getränke angekarrt, eingekauft, verhandelt, korrespondiert und multipliziert, Mittel eingeworben und FnF 2023 mit Spenden ermöglicht haben.

Links und weitere Infos: digitalcourage.de/jahrbuch24

Aktuelles und Begleitendes

Foto: Markus Korporal, cc by 4.0

Hacken unter freiem Himmel
CHAOS COMMUNICATION CAMP 2023

Ein Zeltplatz mit einem eigenen Postzustellungssystem und einer Zuglinie auf dem Ziegeleipark-Gelände in Mildenberg nördlich von Berlin. Es gibt hervorragendes W-Lan (für das die Technik in umfunktionierten Dixi-Klos untergebracht ist) und beeindruckende Lichtinstallationen. Dazwischen überall Menschen mit Laptops, LEDs und Lötkolben, die zusammen an Hardware oder Programmcode basteln. Und die sich darüber unterhalten, wie Technik gestaltet sein muss, um ein lebenswertes Miteinander für alle zu ermöglichen… Es ist schwer zu erklären, was das Chaos Communication Camp alles ist. Es ist ein Familientreffen der Chaoscommunity und Teil der Hackkultur.

Digitalcourage hat auf dem Chaos Communication Camp 2023 in Brandenburg eine der großen Vortragsbühnen organisiert – dort haben wir unsere Arbeit und unsere Themen vorgestellt, durften aber auch viele spannende Vorträge von anderen beherbergen. Außerdem waren wir mit einem eigenen Digitalcourage-Zelt präsent. Viele Leute haben die Gelegenheit genutzt, uns persönlich kennen zu lernen, Hinweise für die BigBrotherAwards zu hinterlassen oder in unserem Shop zu stöbern.

Insgesamt fanden mehr als 30 Sessions in unserem Vortragszelt beim Chaos Communication Camp 2023 statt. Gemeinsam mit den anderen Bühnen haben wir das Programm aus 585 Einreichungen zusammengestellt. Wir waren beeindruckt von den vielen spannenden und kreativen Vorschlägen und hätten gerne noch mehr Auftritte ermöglicht.

Links und weitere Infos: digitalcourage.de/jahrbuch24

Aktuelles und Begleitendes

Konstantin Macher, Campaigner bei Digitalcourage: „Mir hat der persönliche Austausch vor Ort besonders gut gefallen. Wir haben viel wertvolles Feedback bekommen und es war toll, mal einige der Gesichter hinter den Namen kennenzulernen, die uns regelmäßig im Fediverse oder per E-Mail schreiben."

Julia Witte, Redakteurin bei Digitalcourage: „Wir sollten uns alle viel weniger als „User" verstehen, die Technik nur konsumieren – wir können und müssen sie aktiv gestalten! Dieser Gedanke ist beim Camp sehr präsent und an allen Ecken und Enden sichtbar – das hat mich inspiriert."

Rena Tangens, Gründungsvorstand von Digitalcourage: „Zwei Dinge, die mich am meisten beeindruckt haben: 1. Wieviele Menschen hier ehrenamtlich gearbeitet haben, und zwar nicht nur hier und da mal mitanpacken oder ihr eigenes Zelt aufbauen, sondern tatsächlich z.T. Wochen und Monate dieses Jahres dem Aufbau der Infrastruktur und der ganzen Organisation des Camps geschenkt haben. Danke in diesem Zusammenhang auch an padeluun, der sich für das Camp die Kante gegeben hat und sich auch nicht zu schade war, Dienst als Parkwächter und Müllsammler zu machen. 2. Die unglaublich freundliche Atmosphäre, Toleranz und Hilfsbereitschaft von so vielen Menschen haben das Chaos Communication Camp zu einem ganz besonderen Erlebnis gemacht. Da war der Geist von „Be excellent to each other". Danke an alle."

Auszug aus den Vorträgen und Workshops auf unserer Bühne

▶ **Gespräch: Eine digitale Währung mit den Eigenschaften von Bargeld – ist das möglich?** – padeluun, Leena Simon, Christian Grothoff
Warum brauchen wir digitales (Bar-)geld? Welche Eigenschaften müsste eine gute digitale Währung haben? Wie könnte sich unser Alltag dadurch verändern? Und wie funktioniert das in der Praxis? Christian Grothoff (GNU Taler), Leena Simon (Digitalcourage) und padeluun (Digitalcourage) diskutieren.

▶ **Ein Rätesystem fürs Fediverse?** – Leena Simon
Das Fediverse weckt bei vielen die Hoffnung, das Prinzip von Social Media auf den Boden demokratischer Grundwerte zu stellen. Endlich gibt es eine soziale Plattform, bei der alle an der Frage beteiligt werden, wie Kommunikation gelingen kann. Doch wie führen wir im Fediverse Entscheidungen herbei? Welche „Staatsform" wählen wir für einen digitalen Raum?

Links und weitere Infos: digitalcourage.de/jahrbuch24

Aktuelles und Begleitendes

Christian Grothoff (GNU Taler), Leena Simon (digitalemuendigkeit.de), padeluun (Digitalcourage), Julia Witte (hier Moderation) diskutieren über digitales Bargeld.

Foto: Markus Korporal, cc by 4.0

▶ **DB Schnüffelnavigator** – Julia Witte
Die Bahn-App „DB Navigator" ist voll mit Trackern. Digitalcourage klagt zusammen mit dem IT-Sicherheitsexperten Mike Kuketz und dem auf Datenschutz spezialisierten Anwalt Peter Hense dagegen. Denn wir wollen Bahn fahren – nicht Daten liefern. (▶ Seite 44)

▶ **Chatkontrolle ex Machina** – Jakob Schubert, Konstantin Macher
Regelmäßig gibt es politische Vorhaben, die Kommunikation von Bürger.innen massenhaft zu durchleuchten und auszuwerten. Wie verdeutlicht man Menschen die Gefahren, die derartige Systeme darstellen, wo die Technik dahinter sich doch so abstrakt anfühlt, nicht greifbar ist und „man ja sowieso nichts zu verbergen hat"? Anlässlich des neuesten Vorstoßes der EU-Kommission, der sogenannten Chatkontrolle, versucht Digitalcourage diese Überwachung greif- und sichtbar zu machen. Im Vortrag wird erklärt, wie eine kleine Maschine entstanden ist, die die auf einem Smartphone gespeicherten Inhalte scannt und auswertet. (▶ Seite 50)

▶ **Gaming und Überwachungskapitalismus** – Markus Korporal, Konstantin Macher
Videospiele sind heute eng an Accounts, Launcher und in das Betriebssystem integrierte Dienste gebunden. Die Zeiten, in denen man ein Spiel im Laden oder auf dem Flohmarkt gekauft und dann später gegebenenfalls weitergegeben hat, sind definitiv vorbei. Selbst reine Singleplayer-Titel sind fast immer an eine Infrastruktur gekoppelt, die eine permanente Überwachung der Gamer.innen durch Spielepublisher und Plattformbetreiber ermöglicht. Eine gemeinsame Bestandsaufnahme. (▶ Seite 139)

▶ **BigBrotherAward für die Post DHL und was danach geschah** – Rena Tangens
Die Deutsche Post DHL Group erhielt von Digitalcourage den BigBrotherAward 2023 in der Kategorie Verbraucherschutz für praktizierten Digitalzwang durch ihre Packstationen. Denn die zwingen Menschen, ein Smartphone und die

Aktuelles und Begleitendes

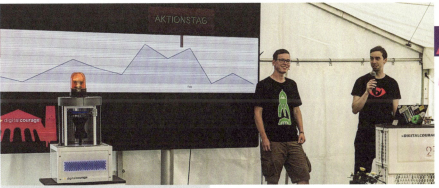

Foto: Markus Korporal, cc by 4.0

Der Star auf der Bühne: Der Smartphone-Scanner. (Rechts Jakob Schubert und Konstantin Macher)

datenhungrige Post DHL App zu nutzen – ohne die wird das Paket nicht rausgerückt. Rena Tangens erklärt die Technik der Packstationen, die gesetzlichen Hintergründe (die PostGesetz-Novelle) und warum Digitalzwang zu mehr Überwachung führt. Und schließlich berichtet sie, was die Post DHL sich danach alles ausgedacht hat, um sich mit der Kritik nicht auseinandersetzen zu müssen. (▸ Seite 146)

▸ **Fediverse – baut kleine geile Firmen auf!** – padeluun
In diesem Talk erläutert padeluun, wie die Gründung kleiner, flexibler und schlagkräftiger Firmen dazu führen kann, die richtigen Impulse im Fediverse zu setzen, und zieht interessante Parallelen zu den Fehlentwicklungen der MailBox- und BTX-Zeit in den achtziger Jahren. (▸ Seite 75)

▸ **Hackfahrschule** – Philip Steller, CryptGoat
Wer sich fragt, wie Webseiten gehackt werden und wie man sich davor schützen kann, ist hier richtig. In der „Hackfahrschule" werden klassische Angriffe auf Webseiten demonstriert und können mit dem eigenen Gerät ausprobiert werden.

▸ Viele der Vorträge und Sessions wurden aufgezeichnet und können auf unserer Peertube angeschaut werden. (Links auf der Jahrbuch-Webseite)

Wir wollen uns vernetzen und unsere Themen in die Öffentlichkeit tragen.

Für das Chaos Communication Camp haben wir mit der Unterstützung vieler Ehrenamtlicher eine große Vortragsbühne aufgebaut und betrieben. Doch das ist mit viel Arbeit und Aufwand verbunden: Wir haben Technik angemietet, Material transportiert und aufgebaut und unendlich viel Arbeitszeit in die Organisation gesteckt. Deshalb bitten wir Sie: Damit wir auch weiter Vernetzungs-Projekte wie dieses stemmen können, unterstützen sie uns langfristig mit Ihrer Fördermitgliedschaft.

▸ **digitalcourage.de/mitglied**

Links und weitere Infos: digitalcourage.de/jahrbuch24

Aktuelles und Begleitendes

Foto: Sapi Ullrich, cc by 4.0

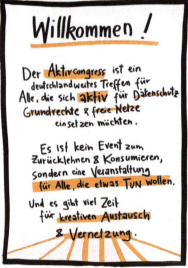

Ein Wochenende im Juli 2023 in der Akademie der kulturellen Bildung in Remscheid: Von Morgens früh bis Abends spät sitzen in jedem Raum und jeder Sitzecke Menschen, die vortragen, diskutieren, skizzieren, ausprobieren. Allen merkt man an: Sie sind hier, weil sie sich leidenschaftlich für etwas einsetzen wollen.

Der Aktivcongress ist ein Treffen von Menschen, die sich für Politik und Digitales interessieren und die nicht nur ein paar Vorträge hören, sondern selber etwas tun wollen. Die Veranstaltung ist als Barcamp organisiert, das heißt: Das Programm wird von den Teilnehmenden vor Ort gestaltet und alle sind eingeladen, Wissen weiterzugeben, sich zu vernetzen und gemeinsam Pläne zu schmieden.

Ein ähnliches Format gibt es schon seit über zehn Jahren. Im Rahmen vom Aktivcongress haben wir zum Beispiel schon gemeinsam eine Verfassungsbeschwerde erarbeitet, mit deren Hilfe wir tatsächlich die umstrittene Arbeitnehmerdatenbank „ELENA" gekippt haben.

Nachdem wir den Aktivcongress einige Jahre lang ausfallen lassen mussten, konnten wir nun mit Unterstützung der Bundeszentrale für politische Bildung einen Neustart der Veranstaltung angehen. Und: das Wochenende war der Wahnsinn! In insgesamt 51 (!) Workshops haben sich Teilnehmende zu aktueller Gesetzgebung und deren Folgen ausgetauscht, über Open Source Software und selbstentwickelte Tools gesprochen und sich gegenseitig Handwerkszeug zu Themen wie Recherche, Öffentlichkeitsarbeit oder Fundraising vermittelt. Mit dabei waren nicht nur langjährige Aktivisten, Technikexpertinnen oder Mitarbeiter von Abgeordneten, sondern auch Menschen, die sich gerne politisch engagieren möchten, aber damit bisher noch wenig Erfahrungen haben.

▶ **Über 50 Workshops – Geballte Kompetenz vor Ort!**

Beim Aktivcongress 2023 ging es unter anderem um die Frage, wie wir im Fediverse Regeln gestalten und durchsetzen können – damit die Kommunikation in diesem dezentralen Netzwerk so abläuft, dass ein produktiver demokratischer Diskurs möglich wird. Wir haben das frisch beschlossene Digitale Dienste Gesetz (DSA) erklärt bekommen – von der Mitarbeiterin einer Europaabgeordneten, die das Gesetz mit verhandelt hat. Es gab aber auch eine kurze Kinderbuch-Lesung von Matthias Kirsch-

Graphic recording: Lara Schmelzeisen, cc by 4.0

ner, dem Präsidenten der Free Software Foundation, der mit seinem Buch insbesondere Mädchen zu einem selbstbestimmten Umgang mit Technik anregen will. Es haben sich viele Aktive vernetzt zum Thema Gesundheitsdaten und neuen Gesetzen dazu. Und der Journalist Albrecht Ude hat eine Einführung in Tricks und Kniffe der professionellen Recherche gegeben. Denn Recherche ist sehr viel mehr, als ein Wort in eine Suchmaschine einzugeben, um dann den passenden Wikipediaartikel zu lesen.

Leider ist noch unklar, ob wir im nächsten Jahr wieder einen Aktivcongress veranstalten können. Haben Sie Ideen für Fördermöglichkeiten für das Veranstaltungsformat? Wir freuen uns über Hinweise!

Moderation und Zeichnungen:
Wiebke Herding und
Lara Schmelzeisen

Foto: Wiebke & Lara, cc by 4.0

Graphic recording: Lara Schmelzeisen, cc by 4.0

Links und weitere Infos: digitalcourage.de/jahrbuch24

Und das sagen Teilnehmende des Aktivcongress 2023:

„Für mich ist der Aktivcongress eine wichtige Veranstaltung, um mit Menschen aus der Breite der Bevölkerung in Kontakt zu kommen und an Themen zu arbeiten, die Engagement aus der Gesellschaft brauchen. Das Format fördert Selbstorganisation und politische Teilhabe. Dadurch fühlen sich Menschen verstanden und selbstwirksam."

Sven Thielen, Wissenschaftlicher Mitarbeiter Cyber Security, Hochschule Niederrhein

„Der Kongress ermöglicht einen wertvollen Austausch mit hochqualifizierten Experten, die technische Folgenabschätzungen vornehmen und daraus Impulse für das Gemeinwohl erarbeiten. Es ist seit Jahren Usus, sich nicht als Teil der politischen Willensbildung zu begreifen, sondern auf Politik zu schimpfen. Der Aktivcongress hebt sich ab und stemmt sich ins Positive: Hier sehen sich viele sich als gestaltender Teil der Gesellschaft. Ihr bietet ein niederschwelliges Angebot, an dem jeder teilnehmen kann."

Bouke Stoffelsma, Vorstand der Hausheld AG

„Ich wollte euch nochmal mitteilen, wie informativ, produktiv und spaßig der Aktivcongress in Remscheid war. Ich nehme sehr viel neues Wissen und Kontakte mit. Viele digitale Themen sind mir nun nicht mehr ganz so fremd und ich konnte viel lernen zu Themen wie zum Beispiel dem Fediverse, Lobbyarbeit der Big Tech-Firmen oder dem Digitale Märkte-Gesetz (DMA). Bei einem neuen Aktivcongress bin ich gerne wieder dabei!"

Matthias Münzel, freier Journalist beim WDR

Foto: Sapi Ullrich, cc by 4.0

Im angeregten Gespräch: (von links) Alexander Loll, Leonie Schwan (BpB), Leena Simon (Digitalcourage) und ein weiterer Besucher beim Workshop im Foyer

Links und weitere Infos: digitalcourage.de/jahrbuch24

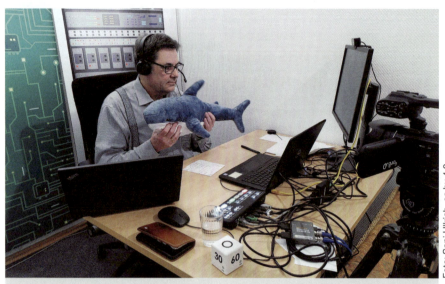

Vortrag mit Flausch-Hai – lassen Sie sich von uns überraschen!

Vorträge und Workshops mit Pfiff

Die Digitalcourage-Agentur

Leena Simon

Wohlfühlvorträge mit Marketing-Blockchain-Bullshit-Bingo kriegen Sie überall. Wir haben die wahre Fachkompetenz, die Ihnen nicht sagt, was Sie hören wollen, sondern erklärt, was Sie wissen müssen, um Ihrem Denken neue Impulse zu geben. So wie bei einer regionalen Fachtagung von Städteplaner.innen, als Rena Tangens mit dem wolkigen Marketing-Begriff „Smart City" aufräumte und damit bei vielen im Publikum das mulmige Bauchgefühl auf den Punkt brachte, dass dahinter mehr heiße Luft als eine wirklich smarte Entwicklung steckt. Oder padeluun, der bei einem Social-Media-Fachtag die „Reichweitenlüge" bei Social Media monierte und sagte, was sich sonst niemand traute: Dass man mit den überwachungskapitalistischen Plattformen gar nicht mehr Menschen erreicht als über die gesellschaftsverträglichen Alternativen.

Wir können unser Handwerk und beschäftigen uns aus Leidenschaft mit Technik und ihren gesellschaftlichen Folgen. Deshalb können Sie von uns Haltung statt Marketing erwarten.

Links und weitere Infos: digitalcourage.de/jahrbuch24

Der Mainstream hat ja auch manchmal Recht, und dann widersprechen wir ihm nicht. Aber wenn wir über KI sprechen, dann um zu erklären, weshalb das deutsche Wort „Intelligenz" irreführend ist, und nicht, weil gerade alle total scharf darauf sind, auf den ChatGPT-Hype aufzuspringen. Wenn Sie Ihre Mitarbeitenden in IT-Sicherheit schulen möchten, bringen wir Ihnen mit dem Konzept „Digitale Mündigkeit" sprichwörtlich lieber das Fischen bei, statt Sie nur einmalig zu einem Fischessen einzuladen. Denn diese Fachkompetenz ist nachhaltig und kann auf neue Themen transferiert werden.

Wenn Sie für Ihre Veranstaltung mehr wollen als Worthülsen und Hype um leere Konzepte, sind Sie bei uns genau richtig. Ob für eine Teamschulung, einen Thinktank, ein interessantes Podium oder ein Meeting der Innovationsabteilung: Wir blicken über den Tellerrand und helfen ihnen, über die Box hinaus zu denken.

▶ Fachkompetenz hat ihren Wert

Es ist das alte Dilemma: Während die Lobbyist.innen in Berlin und Brüssel mit Spitzenhonoraren ausgestattet die Welt aus den Angeln heben, arbeiten wir „für die gute Sache" – zum dauerhaft ermäßigten Tarif. Damit steht uns aber weniger Geld zur Verfügung, und die Arbeit wird noch mühsamer und aufwendiger. Also müssen wir den Teufelskreis der Ausbeutung durchbrechen, wenn wir unsere Themen wirksam in die Gesellschaft tragen wollen.

Denn von einer angemessenen Bezahlung profitieren nicht nur wir, sondern auch die gute Sache. Der Vorteil für Sie: Sie haben lediglich eine Ansprechperson, die alles organisiert, damit die Referent.innen pünktlich und gut vorbereitet an Ort und Stelle sind.

Buchbar sind Vorträge, Workshops, Schulungen, Reden, Ausstellungen und Online-Kurse zu digitalen Themen. Die Agentur nimmt den Referent.innen die Bürokratie ab, sodass diese mehr Zeit für die Inhalte haben.

▶ Der Tarif für eine bessere Welt

Schulen, Frauenhäuser, Beratungseinrichtungen: Sie alle haben Fragen zu digitalen Themen, können sich hochwertige IT-Kompetenz aber selten leisten. Dieser Missstand muss behoben werden. Bis da hin gibt es **unseren ermäßigten Tarif für Weltverbesserer.innen** mit reduziertem Service, aber gleicher Qualität. Und mit der Hoffnung auf langfristige Änderungen. Denn der „Antrag" auf den Weltverbesserungs-Tarif ist kurz und schmerzlos: Wir bitten nur darum, sich an der Verbesserung der Zustände zu beteiligen. Beispielsweise durch einen Brief an die immer so knausrigen Finanzgeber. Sie können sich auch ein eigenes „Opfer an den Datenschutz-Gott" ausdenken, und zum Beispiel im Team gemeinsam den Messenger wechseln. Stöbern Sie durch unser Angebot: 🔗 digitalcourage.de/agentur

kurz&mündig
Die kompakte Wissensreihe

Katrin Schwahlen

Für manche ist die digitale Welt noch immer Neuland: Fast monatlich gibt es neue Apps und Software, Datenschutz bleibt oft kryptisch und wie sich Privatsphäre und digital unterwegs sein verbinden lassen, muss man auch erstmal wissen.

Auch unklare Fragen brauchen starke Antworten, und genau dafür gibt es unsere kurz&mündig-Reihe. (Fast) monatlich gibt es eine neue Ausgabe, in handlichem Format, für unterwegs oder auf dem Schreibtisch. Vielfältige und farbenfrohe Erklärgrafiken bringen die Inhalte auf den Punkt.

▸ Anleitungen für das freie Betriebssystem Linux, Band 17

▸ Überwachung im Kinderzimmer (Smart Toys und Kinder-Tracking-Apps, Band 18, siehe auch S. 70) und an Schulen (Videoüberwachung an Schulen, Band 21, siehe auch S. 71)

Aktuelles und Begleitendes

▶ Datenschutz (z.B. in Kirchengemeinden, Band 20, und Datenschutzbeschwerden richtig einreichen, Band 19)

Tipps für Kirchengemeinden: Halleluja, auch der Himmel wird digital. Oder wenigstens seine Vertreter.innen auf Erden. Denn auch Kirchengemeinden sind mit Computer und Smartphone vernetzt: Kindergeburtstage in der Bibelgruppe, Telefonnummern vom Posaunenchor, Ankündigungen von Beerdigungen, Hochzeiten usw.

Persönliche Daten schwirren engelsgleich frei im kirchlichen Kontext umher. Und das ist ein Problem, meint Jochim Selzer in Band 20. Der ehrenamtliche Datenschutzbeauftragte mehrerer kirchlicher Einrichtungen im Rheinland klärt auf über Urheber- und Betroffenenrechte, Datensicherheit und Hosting. Mit seinen Checklisten für Gemeindebriefe und Formulare, Messengerdienste und Videokonferenzen gelingt Ihnen der Übergang zur rechtlich sicheren Kirchenseite.

„Fight back!" ist die Aufforderung der kurz&mündig-Ausgabe Nr. 22. Hier geht es um **digitale Selbstverteidigung für Mädchen**. Denn als Mädchen Spaß im Internet zu haben ist manchmal leichter gesagt als getan. Fiese Kommentare, nervige Schönheitsideale und unerwünschte Dickpics vermiesen oft die Lust am eigenen Social-Media-Account. Wie frau sich dagegen wehrt und gemeinsam stark macht, beschreiben die drei Autorinnen Moxi, Penny und Maria Fischer.

▶ **Wer steckt hinter kurz&mündig?**
Das kleine feine k&m-Team besteht aus den Redakteurinnen Claudia Fischer und Katrin Schwahlen, der Grafikerin und Illustratorin Isabel Wienold, dem Shop-Wizard Markus Korporal und padeluun, dem Verlagsgründer.

▶ **Im Abo frei Haus**
Natürlich können Sie die kurz&mündig-Ausgaben in Ihrer Lieblingsbuchhandlung bestellen oder über unseren Shop ordern. Oder Sie machen es sich einfach und abonnieren die Reihe (Kosten: 5 Euro pro Heft). Melden Sie sich einfach auf der Website an, geben Ihre Lieferadresse an, wählen eine Bezahlmöglichkeit und schon schicken wir Ihnen das jeweils aktuelle Heft portofrei zu.
🔗 **shop.digitalcourage.de**

Links und weitere Infos: digitalcourage.de/jahrbuch24

Das Digitalcourage-Team
Porträts

Digitalcourage lebt von den vielen Menschen, die haupt-, neben- und ehrenamtlich für eine lebenswerte Welt im digitalen Zeitalter arbeiten. Die Interessen sind vielfältig, genau wie die Tätigkeitsfelder und die Menschen selbst. Das wollen wir zeigen. In unseren Jahrbüchern präsentieren wir darum immer einige Gesichter und Namen, die zum Team gehören und sonst selten sichtbar werden.

▶ "Ich bügle Texte"
Ursula Walther

Ursula Walther ist Texterin aus Leidenschaft. Einfach nur Rechtschreibung und Grammatik checken reicht ihr nicht. „Ich bin pingelig, prüfe alle Informationen und übersetze Kompliziertes in eine Sprache, die meine 12-jährige Enkelin versteht", sagt die 75-Jährige. Sie „bügelt", so sagt sie selbst, bei Digitalcourage die Tipps und Erklärungen der AG Digitale Selbstverteidigung, Blogartikel und Pressemitteilungen. Auch in die Abnahme der Druckversion dieses Jahrbuches war sie eingebunden. Heißt das: Wenn Ursula die Texte gebügelt hat, sind sie danach alle glatt?

„Natürlich nicht. Anderer Leute Texte zu bearbeiten ist eine Gratwanderung zwischen dem, was man stehen lassen muss, weil es mit Herzblut geschrieben ist, und dem, was man umschreiben muss, weil es unverständlich, schräg

2006 erhielt Ursula einen Grünen Doktorhut für 22 Jahre ehrenamtliche Elternarbeit in Bayern

Foto: Ursula Walther, privat

oder falsch ist. Am einfachsten ist es, wenn ich kürzen muss. Dann kann ich Konflikte vermeiden, indem ich sage ‚Sorry, das musste ich streichen.' Das Argument funktioniert natürlich nur, wenn der Text gedruckt wird. Ziel ist, dass die Texte unterschiedlicher Autor.innen am Ende halbwegs einheitlich auf der Website stehen. Jeder Mensch hat ja so seinen Stil. Ich auch. Meine eigenen Texte würde ich wahrscheinlich am ehesten an meinen Lieblingsfüllwörtern erkennen."

Aktuelles und Begleitendes

Inhaltlich steigt sie tief ein. Sie prüft Paragrafen und wälzt auch mal ein EU-Gesetz, um ein Zitat zu verifizieren, das ihr in einer Pressemitteilung vorgelegt wird. Früher, als sie noch erwerbstätig war, hat sie für Firmen wie den Optikhersteller Zeiss über die Untersuchung von Neandertalerknochen mit einem Elektronenmikroskop und die beste Kameralinse für den Film „Das Parfüm" geschrieben. Sie hat mit Siemens-Ingenieuren über Bauanleitungen diskutiert und für bayerische Landtagspolitikerinnen Newsletter und Pressemitteilungen verfasst und Tagungen dokumentiert. „So manche Nacht habe ich mir dabei um die Ohren geschlagen. Eine meiner Politikerinnen konnte zum Beispiel nur nach Feierabend wirklich inhaltlich arbeiten. Manchmal haben wir einander nachts um zwei noch E-Mails geschrieben – eine tolle Zeit." Bis die Wahlperiode endete und der Landtag mit neuen Leuten besetzt wurde.

Nicht zuletzt hat Ursula sich ehrenamtlich in der Bildungs- und Verkehrspolitik engagiert und gewerkschaftliche Gremienarbeit gemacht. „Ich glaube, ich komme auf einige hundert Protokolle, die ich in meinem Leben geschrieben habe." Und über die Bildungsarbeit landete sie auch bei Digitalcourage: 2017 in der AG Pädagogik, dann in der AG Text und schließlich über die AG Korrektur in der AG Digitale Selbstverteidigung, bei der jetzt jeder Artikel vor Veröffentlichung durch Ursulas Prüfung und Abnahme geht. „Das ist viel Arbeit, macht mir aber wahnsinnig Spaß! Die Zeit dafür nehme ich mir, einfach weil ich sie habe." Ihre vier Kinder sind inzwischen erwachsen.

Neben akribischer Recherche und einem guten Auge für Tipp- und Kommafehler hat sie zwei besondere Superkräfte: Erstens kann sie hervorragend kürzen. „Ich schreibe kürzer als der Durchschnittsmensch. Das macht zwar mehr Arbeit, als lange Texte zu schreiben, denn man muss durchdachter formulieren. Aber mir fällt das leichter, als einen Text aufblasen zu müssen."

▶ Zwei Superkräfte ◀

Und die zweite Superkraft betreibt sie manchmal als Hobby: „Für eine Kunstausstellung habe ich mal jeden Text zu jedem Ausstellungsstück auf exakt 3.000 Zeichen gebracht. Und wenn ich aus einem ‚und' ein ‚so' gemacht habe, um ein Zeichen einzusparen. Gelernt habe ich das bei der Lokalzeitung. Damals mussten wir die Zeilen für Überschriften noch exakt volllaufen lassen. Nicht nur die Wörter mussten also die richtige Breite haben, sondern auch die Buchstaben – ein l ist schließlich schmaler als ein m. Heute mache ich mir einen Spaß daraus, nicht nur inhaltlich, sondern auch zeichenmäßig auf den Punkt zu kommen."

75 Jahre alt und immer noch auf der Suche nach Herausforderungen. Texterin aus Leidenschaft eben.

Autorin: Claudia Fischer

Links und weitere Infos: digitalcourage.de/jahrbuch24

Freiwilligendienst bei Digitalcourage

Jakob Schubert

Foto: Rena Tangens, cc by 4.0

Jakob hat uns immer wieder mit kreativen Torten überrascht.

Ende 2021 arbeitet Jakob Schubert als Mechatroniker in Franken. Es macht ihm Spaß, aber er weiß, dass das für ihn kein Job fürs Leben ist. Netzpolitische Themen sind viel eher sein Ding. Deswegen ist ihm auch Digitalcourage ein Begriff. „Damals kam die Idee vom Bundesfreiwilligendienst auf", meint der heute 23-Jährige. „Ich hab einfach angerufen und gefragt, ob ich das bei ihnen machen kann."

Bei seinen Eltern habe die Ortswahl für Lacher gesorgt. Sie sahen ihren Sohn in Berlin oder Frankfurt statt in Bielefeld. Tatsächlich aber ist die Stadt in Ostwestfalen-Lippe sehr präsent mit einem wirtschaftlichen Zentrum, Universität, Fachhochschulen, einem ehemaligen Bundesligaverein, viel Kultur und Politik. Und eben Digitalcourage.

Nicht nur für Jakob, auch für den Verein ist es die erste Begegnung mit dem Bundesfreiwilligendienst. Was ist also zu tun? „Ich habe ziemlich viel gemacht. Erstmal Basics, Büro, administrative Sachen. Müllkalender im Auge behalten, Post verschicken." Und nebenbei hat er seine legendären Kuchen gebacken – mit 3-D-gedruckten Buchstabenschablonen für die Schoko-Verzierung.

Doch schnell ist Jakob auch in die Jahresplanung von Digitalcourage involviert: Aktivcongress in Remscheid und Fedicamp im Wendland im Juli, Chaos Communication Camp in Brandenburg im August, Anfang September Freedom not Fear in Brüssel. Jakob ist bei allem dabei, genauso wie bei harten Nachtschichten, 3D-Druck-Sessions, beim Bau von Kassenboxen für Bücherständer und vielem mehr.

Bei einem anderen Thema kann er auf seine Erfahrungen als Mechatroniker zurückgreifen: „Der Smartphone-Scanner war eine richtig große Sache. Hintergrund ist die geplante Chatkontrolle-Verordnung der EU, die wir hochproblematisch finden." Damit gemeint ist der Gesetzesvorschlag, die Smartphones der gesamten Bevölkerung zu durchleuchten, angeblich, um Darstellungen von sexualisierter Gewalt, vor allem von Kinderpornografie, schneller erkennen zu können (▶ Seite 50).

„Da wird versucht, ein komplexes gesellschaftliches Problem mit ungeeigneten technischen Mitteln zu lösen", meint Jakob und verweist auf die Gefahren der anlasslosen Massenüberwachung. „Freie Meinungsäußerungen, Sicherheit, zum Beispiel für Aktivist.innen, und die Privatsphäre von allen werden damit untergraben. Leider ist es schwierig, den Leuten das Problem zu vermitteln. Deshalb wollten wir den Vorgang physisch greifbar machen."

Dafür baut Jakob mit Konstantin Macher und Gunther Pflüger einen Scanner für Smartphones, der an die „Nacktscanner" an Flughäfen angelehnt ist. Damit konfrontieren sie nicht nur die Besucher.innen der BigBrotherAwards, sondern auch Bundestagsabgeordnete. Konstruiert ist der Scanner aus Plexiglas, Metall und Aluprofilen, ausgerüstet mit Motoren, Zahnrädern, Acrylplatten und LEDs. Er soll alle Daten des Smartphones erfassen und auswerten. Angeblich.

"Spannend war, dass wir einige Leute hinters Licht hätten führen können. Wir haben sie im Unklaren gelassen, was tatsächlich mit ihrem Gerät passiert. Aber natürlich konnten wir nicht auf ihre Daten zugreifen. Es ging uns um den Effekt und das Gefühl der Unsicherheit, wenn man scheinbar verdächtigt wird." (▶ Seite 56)

Den Bundesfreiwilligendienst bei Digitalcourage hat Jakob Schubert Ende August 2023 beendet. Für ihn sei dieses Jahr eine besondere Zeit gewesen. „Beeindruckt hat mich die Art und Weise, wie hier gearbeitet wird. Ich konnte meine Arbeitszeiten gut einteilen und teilweise sogar von zu Hause aus arbeiten. Das Verhältnis zwischen den Kolleginnen und Kollegen ist sehr offen. Das kannte ich so aus meinem bisherigen Berufsumfeld nicht."

Trotzdem sei es ein anstrengendes Jahr gewesen. „Aber ich habe mir das ja ausgesucht. Digitalcourage hat mir sehr viele Türen geöffnet, ich habe netzpolitisch extrem viel mitbekommen. Ich werde mit Sicherheit weiter dabei sein und bei Digitalcourage aktiv bleiben."

Und das, obwohl er im September 2023 eine weitere Ausbildung zum Fachinformatiker begonnen hat. In Bielefeld. :)

Autorin: Katrin Schwahlen

Foto: Markus Korporal, cc by 4.0

Jakobs Vortrag beim Chaos Communication Camp

Links und weitere Infos: digitalcourage.de/jahrbuch24

Aktuelles und Begleitendes

▶ **Jederzeit im Kontakt**
Sapi Ullrich

Wenn bei Digitalcourage die meisten Mitarbeitenden schon in den verdienten Feierabend gegangen sind, sitzt Sapi Ullrich oft noch im Büro. Nicht nur, weil sie als erklärte Nachteule kein Problem mit etwas verlagerten Arbeitszeiten hat. Sondern vor allem, weil sie abends am besten einer ihrer Hauptaufgaben nachkommen kann: dem Austausch mit der Community.

Sapi Ullrich hält den Kontakt zu den Ehrenamtlichen, die sich für Digitalcourage zwischen Kiel und München in Ortsgruppen engagieren oder ihr Wissen in AGs wie „Digitale Selbstverteidigung" einbringen, sie vernetzt die Leute untereinander und bietet ihnen Unterstützung an, bereitet Events wie „Freedom not Fear" in Brüssel oder den Aktivcongress vor, sucht nach neuen Mitstreiter.innen und motiviert die Community, sich an Kampagnen zu beteiligen. Kurzum: Sie sorgt dafür, „dass möglichst viele sich dagegen wehren, digital ausspioniert und manipuliert zu werden." Ein Thema, das ihr schon lange am Herzen liegt.

Wobei es eine Weile gedauert hat, bis Sapis Weg als Aktivistin zum Datenschutz führte. Und beinahe hätte sie nie bei Digitalcourage angeheuert – die erste Bewerbungsfrist ließ sie verstreichen, weil sie zögerte, ihren Wohnsitz Amsterdam gegen Bielefeld zu tauschen.

Digitalcourage wäre viel entgangen. Wovon schon die erste Initiative erzählt, die Sapi als Campaignerin mitbetreut hat (ihr zweiter Jobtitel neben Community Organizerin). Für „Reclaim Your Face", das europäische Bündnis gegen biometrische Massenüberwachung, hat sie zusammen mit einem Trainer.innen-Team Leute darin ausgebildet, Unterschriften zu sammeln – nicht leicht, weil es dabei eine Vielzahl von Bestimmungen und von Kniffen zu beachten gilt. Es wurde eine der bislang politisch erfolgreichsten Europäischen Bürgerinitiativen (EBI) überhaupt.

Sicher auch, weil die gebürtige Remscheiderin schon über 25 Jahre Erfahrung mit NGO-Arbeit hat, ursprünglich im Bereich Umweltschutz. Nach einem europäischen Freiwilligenjahr in Finnland heuerte sie bei „European Youth for Action" in Amsterdam an, einer Graswurzel-Organisation, „bei der ich Hardcore-Büro-Aktivismus gelernt habe", wie sie sich erinnert.

▶ **Hardcore-Büro-Aktivismus** ◀

In dieser Zeit hat sie die Basis für ihre umfangreichen Skills in Kommunikation, Fundraising, Projektmanagement, Gruppenkoordination und Gruppenmoderation geschaffen. Einmal im Jahr fand mit „Ecotopia" außerdem ein europaweites Treffen von hunderten Umweltaktivist.innen statt, wo Sapi realisiert hat, „wie wichtig es für Engagierte ist zu merken, dass sie nicht alleine sind. Dass überall auf der Welt Menschen am gleichen Thema arbeiten."

Aktuelles und Begleitendes

Foto: Sapi Ullrich, cc by 4.0

Unter Beobachtung: Sapi Ullrich am Stand der Ortsgruppe Braunschweig 2022

All ihre beruflichen Stationen aufzulisten, würde das halbe Jahrbuch in Anspruch nehmen. Eine prägende Zeit bei Greenpeace zählt dazu, ebenso die Arbeit als Kampagnen-Koordinatorin für die „Clean Clothes Campaign" – weil sie eine Abwechslung suchte zum schier endlosen Feld der Umweltthematik. Nur um festzustellen, „dass Textilproduktion ein genauso riesiges Feld ist". Eine Weile hat sie auch Abstand von der auslaugenden NGO-Arbeit gesucht und in einer ehrenamtlichen Amsterdamer Fahrradwerkstatt gearbeitet. Endlich etwas Handfestes, das kam ihr entgegen. „Ich habe auch früher schon gerne an Motorrädern herumgeschraubt." Zum Geldverdienen jobbte Sapi nebenbei in der Gastronomie oder auf Berghütten in den Alpen.

Eine Freundin, die um Sapis Herzblut für Privacy-Belange wusste, machte sie dann auf eine Stellenausschreibung von Digitalcourage aufmerksam. Und weil glücklicherweise die Bewerbungsfrist noch einmal verlängert wurde – und sie schließlich bereit war, nach Bielefeld zu ziehen – verstärkt Sapi nun seit zwei Jahren das Digitalcourage-Team. Sie kümmert sich um Ortsgruppen, die Crypto-Cafés anbieten oder Bildungsurlaube zu digitaler Mündigkeit, die sich mit Info-Material zur Chatkontrolle auf den Markt stellen oder bei kreativen Protestformen mitmischen und Statuen Papiertüten über den Kopf ziehen, um sich gegen biometrische Massenüberwachung im öffentlichen Raum aufzulehnen.

„Alle drei Monate findet online ein Ortsgruppen-Treffen statt, bei dem wir schauen, wer woran arbeitet, um uns gegenseitig zu inspirieren", erzählt sie. Daneben koordiniert sie AGs, die die Arbeit von Digitalcourage unterstützen: „Der Einsatz von Ehrenamtlichen zum Beispiel beim Korrekturlesen und Übersetzen von Texten ist wertvoll und unverzichtbar, dafür sind wir extrem dankbar", betont Sapi. Außerdem koordiniert sie die bundesweit an vielen Orten organisierten Live-Übertragungen der BigBrotherAwards – und überlegt nebenher permanent, „mit welchen Formaten wir Mitmachwillige noch besser einbinden könnten."

Das Ziel ihrer Arbeit beschreibt sie selbst so: „Ein Bewusstsein dafür zu schaffen, dass jede und jeder wirksam werden kann."

Autor: Patrick Wildermann

Testament schreiben
Ein Vermächtnis für eine lebenswerte Welt

„Mein Vater ist im Mai 2020 gestorben. Teile seines Nachlasses waren geregelt. Andere nicht.

Als mein Vater starb war ich 48. Alter, Rente und Tod waren noch lange hin, und Nachlass war etwas, das ich immer vor mir hergeschoben hatte. Aber jetzt wurde mir klar, dass ich mein Erbe zu Lebzeiten regeln muss.

Mein Vater war jemand, dem Freiheit, Demokratie und freie Meinungsäußerung die wichtigsten Güter waren. Das hat er mir mitgegeben. Ich selber bin seit einiger Zeit Fördermitglied bei Digitalcourage, weil auch ich diese Werte für die grundlegendsten halte. Und ich sehe sie täglich bedroht.

Deshalb habe ich mich dazu entschlossen, Digitalcourage als Erben einzusetzen.

Für mich. Und für meinen Vater."

Sebastian Krauß

Briefe wie dieser bewegen uns sehr. Digitalcourage ist bereits einige Male in Testamenten bedacht worden – mal als Erbe, mal im Rahmen eines Vermächtnisses. Im Jahr 2023 hat Digitalcourage wieder eine Nachlassspende erhalten. Die persönliche Trauer über den Tod einer Unterstützerin mischt sich bei uns mit der Demut vor der Sterblichkeit und der Dankbarkeit gegenüber der Spenderin, die uns einen Teil ihres Erbes anvertraut hat. Meistens erfahren wir erst durch einen Brief vom Amtsgericht, wenn jemand Digitalcourage in seinem oder ihrem Testament bedacht hat. Aber es ist auch möglich, vorab mit uns zu sprechen, wenn Sie darüber nachdenken, Digitalcourage in Ihr Testament aufzunehmen.

Kommen Sie gerne auf uns zu. Wir nehmen uns die Zeit, all Ihre offenen Fragen unverbindlich mit Ihnen zu klären.

Foto: Veit Mette, cc by 4.0

Ansprechpartnerin: Rena Tangens
rena.tangens@digitalcourage.de
Telefon: 0521 1639 1639

Links und weitere Infos: digitalcourage.de/jahrbuch24

Abgemahntes:
Die BigBrotherAwards 2023

Abgemahntes: BigBrotherAwards 2023

Foto: Matthias Hornung, cc by 4.0

Backstage BigBrotherAwards 2023

Rund zweieinhalb Monate liegen zwischen der Jurysitzung, auf der die Preiträgerinenn und Preisträger der BigBrotherAwards beschlossen werden, und der großen Verleihungs-Gala in der Bielefelder Hechelei. Eine Zeit, in der bei Digitalcourage quasi Ausnahmezustand herrscht – schon, weil nur ein enger Kreis von Mitarbeitenden, die unmittelbar mit der Verleihung betraut sind, die Namen der Preisträgerinnen kennen darf. Höchste Geheimhaltungsstufe.

Das Orga-Team arbeitet derweil mit voller Kapazität an den Vorbereitungen. Dazu gehören unendlich viele Puzzlestücke. Eines davon: die korrekte Anschrift der Empfänger zu ermitteln – „gar nicht so leicht, wenn es sich etwa wie bei Microsoft um ein internationales Geflecht aus Zuständigkeiten handelt", erzählt Digitalcourage-Redakteurin Julia Witte. Angeschrieben werden stets Geschäftsführung, Pressestelle und Datenschutzbeauftragter. Schließlich sollen die Preisträger sich vollumfänglich zu ihrer Auszeichnung verhalten können. Und bestenfalls eine Vertreterin oder einen Vertreter nach Bielefeld entsenden.

Im Jahr 2023 wollte zwar niemand den Preis persönlich abholen. Aber auch ohne das war es eine Gala mit durchweg positiver Resonanz im Saal und vor dem Live-Stream – sowie mit einigen Neuerungen. Erstmals hat Julia Witte mit Stamm-Moderator Andreas Liebold gemeinsam durch den Abend geführt, was durchaus aufregend für sie war („Ich habe zwar früher schon im Radio moderiert, aber da sieht man sein Publikum ja nicht"). Einer der Vorteile dieser Rollenteilung: Julia Witte stand während der Laudationes am Bühnenrand mit dem Social-Media-Team von Digitalcourage in Verbindung und konnte ausgewählte Online-Kommentare gleich mit in die Moderation auf die Bühne nehmen.

Links zu allen Quellen unter: digitalcourage.de/jahrbuch24

Abgemahntes: BigBrotherAwards 2023

Die BigBrotherAwards finden nicht nur in Bielefeld statt: In diesem Jahr gab es 14 Live-Stream-Übertragungsorte von Stuttgart bis Stralsund – alle mit einer kleinen Variante der Original Saal-Deko ausgestattet, mit der die Veranstalterinnen vor Ort ihren jeweiligen Veranstaltungsraum schick gemacht haben.

Auch der Stream wurde 2023 teilweise von Ehrenamtlichen umgesetzt und betreut: Dafür wurden zum ersten Mal die Fireshonks, ein selbstverwaltetes Medienprojekt aus NRW, mit eingebunden. Diese Zusammenarbeit ging aus der traditionellen Jahresendveranstaltung des Chaos Computer Clubs 2022 hervor.

Ein Glücksfall für die Gala war auch die lokale Band „Root Birds". Wer gut hinhörte, konnte in deren Intermezzi jeweils schon eine kurze Anspielung auf den kommenden Preisträger erkennen (z.B. „Wait a minute Mr. Postman" als Teaser für die Deutsche Post DHL). Zum Glück hat die Band auch schon für 2024 zugesagt. Denn: Nach den BigBrotherAwards ist vor den BigBrotherAwards!
bigbrotherawards.de/2023#videos

Fotos: Matthias Hornung, cc by 4.0

▶ **Die Jury der BigBrotherAwards 2023**
(von links nach rechts):

Dr. Thilo Weichert, DVD und Netzwerk Datenschutzexpertise. Die deutsche Vereinigung für Datenschutz e.V. (DVD) ist eine unabhängige Bürger.innenrechtsvereinigung, die sich für Datenschutzbelange in Deutschland und Europa einsetzt.

Frank Rosengart, CCC. Der Chaos Computer Club e.V. (CCC) ist die größte europäische Hackervereinigung und seit 1981 Vermittler im Spannungsfeld technischer und sozialer Entwicklungen.

Rena Tangens, Digitalcourage

Prof. Dr. Peter Wedde ist Professor für Arbeitsrecht und Recht in der Informationsgesellschaft an der Frankfurt University of Applied Sciences a.D., wissenschaftlicher Leiter der Beratungsgesellschaft d+a consulting GbR in Wiesbaden; wissenschaftlicher Berater der Rechtsanwältinnen Steiner – Mittländer – Fischer in Frankfurt; Herausgeber und Autor zahlreicher juristischer Standardkommentare und Fachveröffentlichungen.

padeluun, Digitalcourage

Links zu allen Quellen unter: digitalcourage.de/jahrbuch24

Kategorie Behörden und Verwaltung

Bundesfinanzministerium

Prof. Dr. Peter Wedde

Laudator: Prof. Dr. Peter Wedde, Frankfurt University of Applied Science

Foto: Matthias Hornung, cc by 4.0

Der BigBrotherAward 2023 in der Kategorie Behörden und Verwaltung geht an **das Bundesfinanzministerium**, vertreten durch Bundesfinanzminister Christian Lindner.

Wir verleihen diesen BigBrotherAward 2023 für das seit dem 1. Januar 2023 geltende Plattformen-Steuertransparenzgesetz (PStTG).

▶ **Was folgt aus diesem neuen Gesetz – und wen betrifft es?**

Das Gesetz betrifft alle Menschen, die über Plattformen im Internet wie etwa ebay oder ebay-Kleinanzeigen private Verkäufe abwickeln, nachdem sie ihren Keller entrümpelt haben.

Stellen Plattformbetreiber.innen fest, dass jemand innerhalb eines Kalenderjahres die Zahl von 30 Verkäufen und mehr als 2.000,00 € Gesamtumsatz auf ihrer Plattform erreicht, müssen sie die entsprechenden Daten automatisch an das Bundeszentralamt für Steuern übermitteln. Das ist die neue gesetzliche Meldeschwelle. Außerdem müssen diese Informationen nach der Übermittlung für zehn Jahre vorgehalten werden – sowohl von den Plattformbetreibern als auch von der Finanzverwaltung.

Das Gesetz verlangt also eine zehnjährige doppelte Vorratsdatenspeicherung. Und das, obwohl für die meisten Privatverkäufe überhaupt keine Steuerpflicht besteht – selbst wenn sie die völlig willkürlich gesetzte Meldeschwelle überschreiten. Eine enge und klare Begrenzung der beabsichtigten Verarbeitungszwecke dieser Vorratsdatenspeicherung, die datenschutzrechtlichen Vorgaben

Abgemahntes: BigBrotherAwards 2023

Darf's ein bisschen mehr Information sein? Das Plattformen-Steuertransparenzgesetz nimmt private Verkäufer.innen ins Visier.

entsprechen würde, ist obendrein nicht erkennbar.

Nach der Gesetzesbegründung[1] setzt das Plattform-Steuertransparenzgesetz die sogenannte EU-Amtshilferichtlinie in deutsches Recht um, die den europaweiten Informationsaustausch zwischen Behörden für Steuerzwecke regelt. Über diesen Zweck schießt das Gesetz allerdings weit hinaus. Offiziell, um „mehr Steuergerechtigkeit" zu schaffen.[2]

Natürlich ist es in Ordnung, dass beispielsweise Einkünfte aus dauerhaften Vermietungen über „airbnb" oder Mietwagenangeboten über „Uber" ebenso versteuert werden müssen wie Verkäufe durch professionelle „Powerseller" über eine ebay-Plattform. Nicht in Ordnung ist es, Plattformbetreiber.innen dazu zu verpflichten, alle bei ihnen anfallenden Daten auszuwerten – um diejenigen herausfiltern zu können, die im Kalenderjahr mehr als 30 private Online-Verkäufe getätigt und dabei mehr als 2.000,00 € eingenommen haben.

Nach der entsprechenden Meldung an das Bundeszentralamt für Steuern kann es privaten Verkäufern jetzt passieren, dass das Finanzamt pauschal Steuern nachfordert – es sei denn, die Verkäufer können anhand von Quittungen nachweisen, wann und zu welchem Preis sie die veräußerten Gegenstände ursprünglich erworben haben. Allerdings werfen viele Menschen Kaufbelege spätestens dann weg, wenn Garantiefristen abgelaufen sind. Manche sogar früher.

Das Argument, es ginge hier um Steuergerechtigkeit, läuft schon deshalb ins Leere, weil private Verkäufe nur in einem beschränkten Umfang steuerpflichtig sind. Nach § 23 Einkommensteuergesetz gibt es etwa für private Verkäufe von Gegenständen des täglichen Bedarfs (etwa gebrauchte Babybekleidung oder eine nicht mehr benötigte Küchenmaschine) oder für solche, die jemand länger als ein Jahr besitzt, keine Steuerpflicht. Und bei Gegenständen, die innerhalb eines Jahres nach dem Kauf wieder veräußert werden, müssen erzielte Gewinne nur dann versteuert werden, wenn sie mehr als 600,00 € betragen. Die Steuerpflicht ist für private Verkäufe die Ausnahme – und nicht die Regel.

---

1 Bundestagsdrucksache 20/3436 vom 19.9.2022
2 Vgl. Bundestagsdrucksache 20/3436, Seite 38

Abgemahntes: BigBrotherAwards 2023

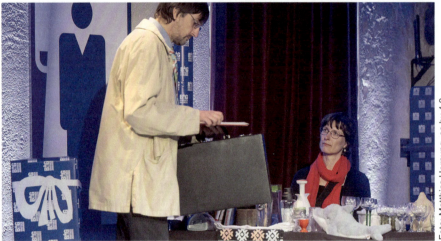

Foto: Matthias Hornung, cc by 4.0

Das Plattformen-Steuertransparenzgesetz gründet aber auf der Annahme, dass den zuständigen Finanzbehörden ohne flächendeckende Informationen durch die Plattformbetreiber steuerpflichtige Erlöse „durch die Lappen" gehen können. Nach dieser Logik müssten künftig auch hinter jedem privaten Flohmarktstand Kontrolleure der Finanzämter stehen, die Verkaufszahlen und Umsätze erfassen.

Portalbetreiber müssen jetzt zu allen Verkäufen die folgenden Daten verarbeiten, um die Meldepflicht gegenüber der Finanzverwaltung zu erfüllen, die ihnen das neue Gesetz nach § 13 Abs. 2 vorgibt:

▸ Vor- und Nachnamen der Verkäufer, Geburtsdaten sowie Anschriften,
▸ Steueridentifikationsnummern und ggf. Umsatzsteuernummern oder Finanzkonten,
▸ Gebühren, Provisionen und Steuern, die Plattformbetreiber für private Verkäufe einbehalten oder berechnet haben sowie

Nach der Logik des PStTG müsste künftig bei jedem privaten Flohmarktstand ein Kontrolleur vom Finanzamt vorbeischauen.

▸ Ausgezahlte oder gutgeschriebene Vergütungen, die private Verkäufer von den Plattformbetreibern pro Quartal des Meldezeitraums bekommen.

Darüber hinaus müssen die Plattformbetreiber nach § 18 Abs. 1 PStTG eine Plausibilitätsprüfung zu den getätigten Verkäufen vornehmen – anhand aller ihnen legal zur Verfügung stehenden Informationen und Unterlagen. Was an dieser Stelle unter dem Begriff „Plausibilitätsprüfung" zu verstehen ist, lässt der Gesetzgeber völlig offen. Beispielhaft wird auf einen Abgleich von Anschriften der Verkäufer und deren Steueridentifikationsnummern mit den „Transaktionsunterlagen" der meldenden Plattformbetreiber verwiesen.

Mit dem Verzicht auf eine abschließende Benennung zulässiger Verarbeitungszwecke stellt das PStTG den Portalan-

Abgemahntes: BigBrotherAwards 2023

bietern außerdem einen Blankoscheck dafür aus, das Verhalten von privaten Verkäufern umfassend zu durchleuchten und zu analysieren – und die dabei gewonnen Erkenntnisse für eigene Interessen zu verwenden.

Die gesammelten Daten können zum Beispiel auch dafür genutzt werden, KI-Software so zu trainieren, dass sie Auffälligkeiten aller Art im Kaufverhalten erkennt. Das Gesetz will es ja so. Wie praktisch.

Erforderlich für die vom Gesetzgeber angestrebte Steuergerechtigkeit ist diese umfassende Vorratsdatenspeicherung nicht. Ob es sich wirklich um „private Flohmarktverkäufe" handelt oder ob professionelle und damit steuerpflichtige Geschäfte nur als solche bemäntelt werden – das konnten Plattformbetreiber auch vorher schon erkennen. Und sie können auch feststellen, ob bei privaten Weiterverkäufen neuer Gegenstände steuerpflichtige Gewinne anfallen.

Plattformbetreiber wissen schon heute ganz genau, welchen Wert gebrauchte Gegenstände haben und welche Gewinne sich im Einzelfall mit privaten Verkäufen erzielen lassen. Dieses Wissen schlägt sich in „Preisvorschlägen" nieder, die Anbieter auf vielen „Kleinanzeigenplattformen" beim Erstellen priva-

▶**Erforderlich für die angestrebte Steuergerechtigkeit ist diese umfassende Vorratsdatenspeicherung nicht.**◀

ter Verkaufsangebote bekommt. Aus diesen Preisvorschlägen lassen sich auch mögliche Gewinne ableiten. Werfen wir zur Veranschaulichung einen beispielhaften Blick ins „Luxussegment": Für den privaten Verkauf einer brandneuen Rolex „Submariner Date 126610LN" (Ladenpreis aktuell 10.100,00 €) benennt ein großes Verkaufsportal nach Eingabe des entsprechenden Schlagworts eine Angebotspreisspanne zwischen 11.270,00 € und 15.500,00 €. Schon ein Verkauf zum Mindestpreis verspricht damit einen schnellen Gewinn oberhalb des steuerfreien Betrags von 600,00 €.

Anders sieht es beim geplanten Privatverkauf einer neuen Junghans Max Bill Automatik Uhr (aktueller Listenpreis 1.325,00 €) aus, für die ein Verkaufspreis von 209,00 und 877,00 € vorgeschlagen wird.

Um dem Ziel der Steuergerechtigkeit näher zu kommen, wäre es völlig ausreichend gewesen, im Plattformen-Transparenzgesetz die Verpflichtung zur Meldung von offenkundig einkommenssteuerpflichtigen Gewinnen zu verankern – statt einer ausufernden, umfassenden Vorratsdatenspeicherung ohne transparent und abschließend festgelegten Verwendungszweck, die zurück in die graue Vorzeit führt. Denn etwas Ähnliches gab es vor ziemlich genau 40 Jahren schon einmal, mit der damals geplanten Volks-

Links zu allen Quellen unter: digitalcourage.de/jahrbuch24

zählung. Und dazu hat das Bundesverfassungsgericht in seinem Urteil vom 15.12.1983[3] festgestellt, sie sei ein Verstoß gegen das „Recht auf informationelle Selbstbestimmung".

▶ **Ähnliches gab es vor ziemlich genau vierzig Jahren schon einmal, mit der damals geplanten Volkszählung.** ◀

Was es mit diesem Recht auf sich hat, verdeutlichen die beiden ersten amtlichen Leitsätze des Urteils, in denen es heißt:

1. *Unter den Bedingungen der modernen Datenverarbeitung wird der Schutz des Einzelnen gegen unbegrenzte Erhebung, Speicherung, Verwendung und Weitergabe seiner persönlichen Daten von dem allgemeinen Persönlichkeitsrecht des GG Art 2 Abs 1 in Verbindung mit GG Art 1 Abs 1 umfaßt. Das Grundrecht gewährleistet insoweit die Befugnis des Einzelnen, grundsätzlich selbst über die Preisgabe und Verwendung seiner persönlichen Daten zu bestimmen.*

2. *Einschränkungen dieses Rechts auf „informationelle Selbstbestimmung" sind nur im überwiegenden Allgemeininteresse zulässig. Sie bedürfen einer verfassungsgemäßen gesetzlichen Grundlage, die dem rechtsstaatlichen Gebot der Normenklarheit entsprechen muß. Bei seinen Regelungen hat der Gesetzgeber ferner den Grundsatz der Verhältnismäßigkeit zu beachten. Auch hat er organisatorische und verfahrensrechtliche Vorkehrungen zu treffen, welche der Gefahr einer Verletzung des Persönlichkeitsrechts entgegenwirken.*

Einschränkungen des Rechts auf informationelle Selbstbestimmung setzen Normenklarheit und Verhältnismäßigkeit der entsprechenden gesetzlichen Regelungen. Schauen wir uns kurz an, ob das Plattformen-Steuertransparenzgesetz diese simplen Vorgaben erfüllt:

▶ Normenklarheit ist nach den Ausführungen in der Urteilsbegründung des Bundesverfassungsgerichts insbesondere gegeben, wenn eine gesetzliche Grundlage, durch die das Recht auf informationelle Selbstbestimmung beschränkt wird, für Bürgerinnen und Bürger klar erkennbar sind. Die nach dem Plattformen-Transparenzgesetzes zur Sicherung der Steuergerechtigkeit durchzuführende doppelte Vorratsdatenspeicherung erfüllt diese Voraussetzung schon aufgrund einer abschließenden Zweckbestimmung nicht. Hinzu kommt die umfassenden Verarbeitungsmöglichkeiten, die Plattformbetreibern durch die gesetzlich vorgeschriebene Plausibilitätsprüfung eingeräumt werden.

▶ Die Verhältnismäßigkeit und damit die Zulässigkeit eines Eingriffs in das

---

[3] Bundesverfassungsgericht vom 15.12.1983 1 BvR 209/83.

Abgemahntes: BigBrotherAwards 2023

Recht auf informationelle Selbstbestimmung setzt voraus, dass eine staatliche Maßnahme zur Erreichung des angestrebten Zweckes geeignet und erforderlich ist. Ein solcher Eingriff darf seiner Intensität nicht außer Verhältnis zur Bedeutung der Sache und zu den von Bürgern hinzunehmenden Einbußen stehen.

Eine auf zehn Jahre angelegte umfassende Vorratsdatenverarbeitung von Bürgerinnen und Bürgern, deren Online-Verkäufe nur ausnahmsweise steuerpflichtig sind, ist angesichts offensichtlicher Verarbeitungsalternativen schon auf den ersten Blick nicht verhältnismäßig. Beispielsweise könnte die angestrebte Steuergerechtigkeit auch dadurch gesichert werden, dass Plattformbetreiber verpflichtet werden, die Daten solcher Personen zur Verfügung zu stellen, die mit kurzfristigen privaten Wiederverkäufen Spekulationsgewinne von mehr als 600 Euro pro Jahr erzielen oder die mehr als „haushaltsübliche" Mengen privater Gegenstände anbieten. Der Europäische Gerichtshof hält eine gesetzlich vorgeschriebene, flächendeckende staatliche Vorratsdatenspeicherung von Personen für unzulässig, die nicht auch nur mittelbar Anlass zur Strafverfolgung geben.[4] Das gilt auch für Menschen, die nicht steuerpflichtige private Online-Verkäufe tätigen.

Vor diesem Hintergrund kann die datenschutzrechtliche Bewertung des Plattformen-Steuertransparenzgesetzes nur wie folgt ausfallen: Eine Vorratsdatenspeicherung, die weitgehend zweckfrei und für die betroffenen Personen intransparent bleibt, steht im Widerspruch zu den allgemeinen Grundsätzen in Art. 5 Abs. 1 DSGVO – wie der Nachvollziehbarkeit von Verarbeitungen, der Zweckbindung und der Datenminimierung.

Wir hoffen, dass der Gesetzgeber den BigBrotherAward 2023 zum Anlass

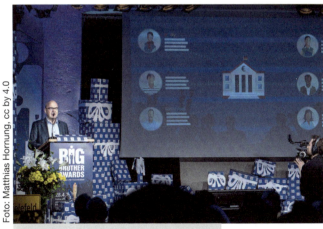

Foto: Matthias Hornung, cc by 4.0

„Eine flächendeckende staatliche Vorratsdatenspeicherung von Menschen, die keinen Anlass zur Strafverfolgung geben, hält auch der Europäische Gerichtshof für unzulässig."

4 Vgl. EuGH vom 20.9.2022 – C-793/19, Rn. 85.

Links zu allen Quellen unter: digitalcourage.de/jahrbuch24

Abgemahntes: BigBrotherAwards 2023

nimmt, das Plattformen-Transparenzgesetz umfassend zu überarbeiten und die vorgeschriebene Meldepflicht auf solche Fälle zu beschränken, in denen eine Steuerpflicht offenkundig gegeben ist – statt die Daten von Menschen ins Visier zu nehmen, die online ihre Hamsterkäfige, Kinderwagen oder Wintermäntel verkaufen.

Damit sollte er nicht warten, bis ihm ein Gericht die Arbeit abnimmt. In diesem Sinne, herzlichen Glückwunsch Bundesfinanzministerium und Bundesfinanzminister Christian Lindner zum BigBrother-Award 2023.

Ein Stellenprofil mit Zukunft? Der Flohmarktschnüffler vom Finanzamt.

Foto: Matthias Hornung, cc by 4.0

Wie es weiter ging

Patrick Wildermann

Kommentare unseres Publikums via Mastodon:

▸ „Meinen herzlichen Glückwunsch zum BigBrotherAward an das Bundesministerium für Finanzen und Finanzminister Christian Lindner! Das PStTG ist eine unnötige Datensammlung und Schikane. Ein wenig mehr Digitalkompetenz stünde auch dem Gesetzgeber gut: Nachbesserung notwendig."

▸ „Auch die FDP hat gewonnen. Was? Den BBA2023! Nicht nur den hat sie verdient. Gibt es auch einen Negativ-Umweltpreis?"

▸ „Es stellt sich die Frage, ob die Vorratsdatenspeicherung beim Plattformen-Steuertransparenzgesetz (PStTG) auf Unkenntnis zurückzuführen ist oder eine gezielte Hintertürstrategie."

Steht bald hinter jedem Flohmarktstand der freundliche Kontrollmensch vom Finanzamt? Solange die Finanzämter noch mit Grunderwerbsteuer-Änderung, Rückforderung von Corona-Hilfen und anderem mehr als ausgelastet sind, kein sonderlich realistisches Szenario, schätzt unser Laudator Peter Wedde.

Er hat sich im Nachklang der BigBrother-Awards im Selbstversuch bei verschiedenen Verkaufsportalen wie kleinanzeigen.de angemeldet – und bekam jedes Mal einen knappen Hinweis, dass aufgrund des neuen Plattformen-Steuertransparenzgesetzes (PStTG) gegebenenfalls Daten von ihm angefordert, gespeichert und ans Finanzamt weitergegeben werden könnten. Vorerst aber wurde keine Steuer-Nummer oder Ähnli-

Links zu allen Quellen unter: digitalcourage.de/jahrbuch24

Abgemahntes: BigBrotherAwards 2023

ches abgefragt. Nichts, was überhaupt seine Identität bestätigen könnte. „Wer seinen Kellerbestand auflöst und 100 Gegenstände auf einen Schlag verkauft, wird wahrscheinlich nach dem 30. Gegenstand vom Plattformbetreiber aufgefordert, sich per Video- oder Post-ID-Verfahren zu identifizieren, um weitere Verkäufe tätigen zu dürfen", vermutet Peter Wedde.

Was er auch betont: „Die Plattformbetreiber können überhaupt nur ans Finanzamt melden, was über ihr Portal per Online-Zahlung abgewickelt wird. Wenn ich beispielsweise drei Möbelstücke inseriere, die von den Käufern bei Abholung bar bezahlt werden, tauchen diese Verkäufe nirgends auf." Nur ein weiterer Beleg dafür, „wie undurchdacht das PStTG ist", bilanziert Peter Wedde.

Grafik: Dennis Blomeyer, cc by 4.0

▶ Erfolg:

Derweil gibt es aus dem Themenfeld „Behörden und Verwaltung" auch Positives zu vermelden. Die Nachricht hängt gleich mit zwei unserer Preisträger zusammen – 2019 an Peter Beuth, den Innenminister von Hessen, und 2022 an das Bundeskriminalamt. Wir erinnern uns: Thilo Weichert hatte in seiner BBA-Verleihung an das Bundeskriminalamt auch das Bayerische LKA für seine Polizei-Analyse-Software „VeRA" abgemahnt. Die war nämlich ausgerechnet in die Hände des berüchtigten US-Unternehmens Palantir gelegt worden, hinter dem Rechtsaußen-Milliardär Peter Thiel steht. Wie die Tagesschau im Juni 2023 berichtete (Link über die Jahrbuch-Webseite), konnte nun zumindest der Vorstoß der übereifrigen Länder Hessen, Bayern und NRW vereitelt werden, die Palantir-Software deutschlandweit einzuführen – als „Bundes-VeRA". Innenministerin Nancy Faeser hat Palantir eine klare Absage erteilt. Ein großer Erfolg! Hoffentlich mit Vorbildcharakter.

Links zu allen Quellen unter: digitalcourage.de/jahrbuch24

Kategorie Finanzen
finleap connect GmbH

Frank Rosengart

Laudator: Frank Rosengart, Chaos Computer Club (CCC)

Foto: Inflac, cc by 4.0

Der BigBrotherAward in der Kategorie Finanzen geht an die **finleap connect GmbH**, vertreten durch die Geschäftsführerin Nicola Breyer und den Geschäftsführer Marco Jostes, für den andauernden Versand von Kontowechsel-Briefen an falsche Empfänger.innen.

Im Büro von Digitalcourage sind in den letzten Monaten etliche Briefe voller privater Informationen angekommen. Sogar mit eingescannter Unterschrift der Betroffenen. Schreiben, in denen die Anschrift, die Kontodaten und andere sensible Daten mitgeteilt werden – darunter regelmäßige Abbuchungen vom Konto – um eine Einzugsermächtigung zu ändern. Von Menschen, die in der Mitgliederdatenbank von Digitalcourage komplett unbekannt sind.

▶ Was ist da los, wie kann das passieren?

Um das zu verstehen, müssen wir etwas ausholen:

Mit der Einführung der „Payment Services Directive" der EU in der Version zwei (PSD2) wurde die Möglichkeit geschaffen, einem Dritten Zugriff auf die eigenen Kontodaten zu gewähren.[1] In der Folge kann man z.B. über cloudbasierte Anbieter sein Konto managen, also Zahlungseingänge prüfen, Überweisungen tätigen etc. – lauter Sachen, die sich auch ohne Cloud mit einer guten Homebanking-Software auf dem eigenen PC erledigen lassen.

▶ Wozu dann der Weg über Dritte?

Zu Beginn des Online-Shopping-Booms gab es nur wenige Möglichkeiten, Käufe im Internet so zu bezahlen, dass der Händler auch sicher sein konnte, das Geld wirklich zeitnah auf seinem Konto zu sehen. Das rief den Anbieter „Sofortüberweisung" auf den Plan. Der Kunde hat diesem Anbieter die Zugangsdaten für sein Online-Banking anvertraut

---

[1] Quelle: IT Finanzmagazin, Link auf Jahrbuch-Webseite

Abgemahnt – BigBrotherAwards 2023

Luisa wundert sich über einen Brief...

Der Brief ist voll mit sensiblen Informationen eines völlig Fremden!

Jemand informiert uns über einen Kontenwechsel, aber: Die Person ist gar kein Mitglied bei uns...

Wenn Datenschutz-Albträume wahr werden: Unsere finleap-Fotostory erzählt eine reale Geschichte aus unserem Büro in Bielefeld …

– „Sofortüberweisung" hat dann die Zahlung ausgelöst und die erfolgreiche Transaktion bestätigt. So konnte der Händler sicher sein, das Geld auch zu bekommen.

Die Firma „Sofortüberweisung" gehört übrigens mittlerweile zu Klarna, unserem Preisträger aus dem letzten Jahr.

Weil dieses Verfahren nicht mit den Nutzungsbedingungen der meisten Banken vereinbar war, aber doch ein unbestreitbarer Bedarf an solchen Lösungen bestand, hat die EU mit der PSD2 eine regulierte Möglichkeit für Kundinnen und Kunden geschaffen, Dritten Zugriff auf ihre Konten zu gewähren. Dazu fragt der Drittanbieter per Online-Banking um Erlaubnis, und der Kunde muss dann den Zugriff bestätigen.

Monat für Monat kommen mehr Briefe...

...und noch mehr Briefe...

Wirklich, Finleap Connect?

… auch im Sommer, Herbst und Winter. Ein Ende ist leider nicht in Sicht.

Links zu allen Quellen unter: digitalcourage.de/jahrbuch24

Abgemahntes: BigBrotherAwards 2023

Der feuchte Traum der Schufa: Menschen lassen freiwillig vor ihr die Hosen herunter, um ihre Kreditwürdigkeit zu beweisen. Unsere Protestaktion mit Campact 2021.

Eine der ersten „kreativen" Ideen, was sich mit so einer Schnittstelle noch alles anfangen ließe, kam von der Schufa. Ihr Vorschlag: Man könnte der Schufa einfach per PSD2-Verfahren Zugriff auf seine Kontoauszüge geben, um damit seine Kreditwürdigkeit zu bestätigen.[2] Eine tolle Idee! Die Kunden hätten also vor der Schufa die Hosen herunterlassen sollen, um einen positiven Schufa-Wert zu bekommen. Ganz freiwillig, selbstverständlich, wenn man überlegt, dass man nicht mal einen Mobilfunkvertrag ohne Schufa-Auskunft bekommt, geschweige denn eine Wohnung mieten kann.

Allerdings machte die Schufa schneller einen Rückzieher, als sie einen BigBrotherAward verliehen bekommen konnte.

Etwas älter als die PSD2-Richtlinie ist die gesetzliche Verpflichtung von Banken, beim Kontowechsel zu helfen.[3] Wenn man also sein Girokonto kündigt und zu einer anderen Bank wechselt, ist die Vorgänger-Bank verpflichtet, dabei zu helfen, z.B. die Einzugsermächtigungen umzustellen. Da so etwas für Banken eine eher lästige Angelegenheit ist (der Kunde hat sich ja gerade verabschiedet), bietet es sich an, dieses Thema outzusourcen, also jemand anders damit zu beauftragen.

In Berlin, in bester Lage am Ku'Damm, residiert Finleap, ein sogenannter Fintech-Incubator. Also eine Art Dachge-

Nobel geht der Datenschutz zugrunde: Finleaps Residenz am Berliner Ku'Damm

---

2 Quelle: Pressemitteilung der Schufa vom 16. November 2020, Link auf Jahrbuch-Webseite

3 Quelle: Homepage der Bundesanstalt für Finanzdienstleistungsaufsicht (BaFin), Link auf der Jahrbuch-Webseite

Links zu allen Quellen unter: digitalcourage.de/jahrbuch24

Abgemahntes: BigBrotherAwards 2023

sellschaft, die wiederum einzelne Start-ups als Tochtergesellschaften gründet, welche spezielle Dienstleistungen in der Finanzbranche erbringen sollen. Eine dieser Tochterfirmen ist die „finleap connect" – unser Preisträger – die sich auf Anwendungen rund um besagte PSD2-Schnittstelle spezialisiert hat und als Dienstleistung einen Kontowechsel-Service anbietet. Wenn diese Firma von der abgehenden Bank mit dem Kontowechsel-Service beauftragt wird, ruft finleap über die besagte PSD2-Schnittstelle die alten Kontoumsätze ab und filtert aus diesen die regelmäßigen Abbuchungen heraus.

Aus den Informationen über regelmäßige Abbuchungen versucht finleap dann automatisiert den entsprechenden Lastschriftempfänger herauszufinden und ihm per Brief die neue Bankverbindung mitzuteilen. Angenommen, Finleap findet in den Kontodaten regelmäßig Abbuchen von einem großen Online-Versand, dann wird versucht, diesen als Lastschriftempfänger zuzuordnen und bestenfalls sogar noch eine Kundennummer o.ä. aus dem Verwendungsweck zu extrahieren.

▶ **Was kann da schon schief gehen?**

Um den Kontowechsel-Service zu nutzen, müssen noch ein paar weitere Angaben gemacht werden, denn die Lastschrift-Empfänger (das sind Firmen wie Amazon, Stromanbieter oder Vereine wie Digitalcourage, die ihre Mitgliedsbeiträge einziehen), benötigen natürlich genaue Informationen, welche Kundendaten nun geändert werden sollen. Also eine Kundennummer o.ä. – plus noch einige Daten, um glaubhaft zu machen, dass es wirklich der Kunde ist, der diese Änderung wünscht. Zum Beispiel das Geburtsdatum und natürlich die Anschrift. Mit all diesen Informationen ausgestattet, setzt finleap ein Schreiben auf – „Bitte ändern Sie meine Daten" – und schickt es dem Lastschrift-Empfänger per Post zu. Das sieht dann so aus, als ob der wechselwillige Kunde dies selbst und eigenhändig getan hätte. Sogar eine eingescannte Unterschrift kann unter dem Brief sein!

Eigentlich ein praktischer Service. Wenn da nicht die querschlagende IT bei finleap connect wäre, die Briefe mit persönlichen Daten (nämlich Name, Anschrift, Geburtsdatum, Kontodaten und sogar noch Zeilen aus dem Kontoauszug) wild in der Gegend rumschickt, also irgendwelche Kundendaten an irgendwelche Empfänger. Wie in unserem eingangs erwähnten Beispiel an Digitalcourage.

Da der Versand an falsche Empfänger völlig zufällig zu sein scheint, ist davon auszugehen, dass es sich um ein größe-

▶ **Eigentlich ein praktischer Service. Wenn da nicht die querschlagende IT bei finleap connect wäre …** ◀

Links zu allen Quellen unter: digitalcourage.de/jahrbuch24

Abgemahntes: BigBrotherAwards 2023

▶ **Ein Softwareproblem? Ein rachsüchtiger Mitarbeiter? Absicht? Wir wissen es nicht.** ◀

res Problem handelt, dass also jeden Monat sehr viele Daten in falsche Hände geraten. Digitalcourage hat den Anbieter mehrmals auf dieses Problem hingewiesen. Finleap bat daraufhin um die Daten der Betroffenen – eine Bitte, der Digitalcourage aus nachvollziehbaren Gründen nicht entsprechen wollte. Aber auch ohne diese Daten sollte finleap in der Lage sein, solche Irrläufer zu stoppen. Weit gefehlt!

Weiterhin trudeln irregeleitete Kontowechsel-Briefe ein, aus denen hervorgeht, welche regelmäßigen Abbuchungen die Betroffenen haben. Und die mit vielerlei privaten Daten gespickt sind.

Ein Softwareproblem? Ein rachsüchtiger Mitarbeiter? Absicht? Wir wissen es nicht.

Für Betroffene kann das ganz schön peinlich sein, schließlich kann so ein Stück vom Kontoauszug auch den Kernbereich der privaten Lebensgestaltung berühren. Stichwort „Erotik-Versand" oder vielleicht auch private Arztrechnungen.

Solche detaillierten Informationen aus den Irrläufer-Briefen sind Gold wert in der Hand von Kriminellen. Mit fremden Identitäten lässt sich viel Schaden anrichten für die Betroffenen. Warenbestellbetrug, gezielte Phishing-Attacken und ähnliches. Genug Details stehen in den versendeten Briefen. Für die Betroffenen auf jeden Fall sehr ärgerlich.

▶ Vielleicht hilft ja unser BigBrother-Award dabei, diesen Murks ein für allemal zu beenden.
Herzlichen Glückwunsch,
liebe finleap connect GmbH!

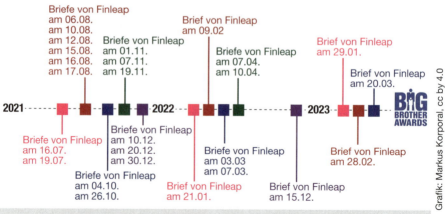

Chronik eines Totalversagens: finleaps Irrläufer im Laufe der Zeit.

Links zu allen Quellen unter: digitalcourage.de/jahrbuch24

Wie es weiter ging

Patrick Wildermann

Kommentare unseres Publikums via Mastodon:

▶ „Und kennt ihr das: finleap connect GmbH? Ab heute berühmt!"

▶ „Unterschreiben Sie hier… und hier und hier… und hier noch…"

Wie heißt es so schön? Einsicht ist der erste Schritt zur Besserung. Das Unternehmen finleap connect dankt per „Statement zum BigBrotherAward" (verfasst von einem eigens hinzugezogenen Krisen-PR-Berater) unserer Jury „für das Engagement für das so wichtige Thema Datenschutz" – und erklärt, den Preis gerne „im Sinne der Herausforderung" anzunehmen, „exzellente, selbstverständlich an höchsten Datenschutzstandards orientierte Lösungen im Bereich Open Finance anzubieten". Laudator Frank Rosengart kommentiert: „Schön zu hören, dass ein Fehler eingestanden wird". Und bescheinigt finleap zumindest in diesem Punkt eine professionelle Reaktion – „im Gegensatz zu anderen, die alles abstreiten und den Anwalt losschicken".

Wie das Unternehmen allerdings den „Sachverhalt" erklärt, auf den sich der BBA bezieht – das wilde Herumschicken sensibler Kund.innen-Daten – lohnt einen genaueren Blick. Schuld sei: „Ein Vorfall suboptimaler Zuweisung von bestimmten Datensätzen, die in 2021 für kurze Zeit bei unterbliebener kurzfristiger Prüfung des Endkunden zu einem Weiterleiten von inkorrekten Daten von Endkunden an Payment Provider führte, das aber nach kürzester Zeit behoben war, und über das wir die zuständige Datenschutzbehörde unverzüglich informiert haben". Problem gebannt? Dagegen spricht in Frank Rosengarts Augen, „dass auch danach noch fehlgeleitete Briefe unter anderem bei Digitalcourage eingetroffen sind" (▶ Grafik Seite 124).

Finleap connect fügt dem Statement eine siebenseitige Erklärung bei, wie unterdessen das Benutzer-Interface des Kontowechsel-Services optimiert wurde – die „Endkunden" werden nun deutlicher aufgefordert, die Zahlungsempfänger zu überprüfen, die finleap informieren soll. Kann nicht schaden. Allerdings legt das Unternehmen damit nahe, dass die falsch verschickten Briefe sämtlich auf irrtümliche Bestätigungen der Kund.innen zurückgehen. Das sei „allein aufgrund der großen Zahl an Irrläufern unwahrscheinlich", findet Rosengart. „Möglicherweise gibt es noch ein anderes Problem".

Wie heikel das Thema Kontowechselservice ist, hat sich im Juli 2023 noch einmal gezeigt: Deutsche Bank und Postbank mussten im großen Stil Warnbriefe an ihre Kunden verschicken, weil ein Wechselanbieter ein massives Sicherheitsproblem hatte. Ebenfalls im Juli kam es bei vielen Bankkunden zu unberechtigten Abbuchungen. Es ist vielleicht doch eine gute Idee, bei einem Wechsel des Kontos die Lastschriftempfänger selber zu benachrichtigen.

Links zu allen Quellen unter: digitalcourage.de/jahrbuch24

Abgemahntes: BigBrotherAwards 2023

Kategorie Kommunikation
Zoom Video Communications, Inc.

padeluun

Laudator: padeluun, Digitalcourage

Foto: Inflac, cc by 4.0

Viele Seuchen haben die Menschheit heimgesucht. Ich nenne mal auszugsweise:

- 2500 vor Christus und ab 1500 immer wieder: Pest
- 1494 Syphilis
- 1870 Pocken
- 1817 bis heute Cholera
- seit 1901 Typhus
- seit 1918 Influenza (ja, das gab's schon vor Instagram)
- 1980 AIDS, was auch einige meiner Bekannten hingerafft hat
- 1992 Windows 3.1
- 2002 SARS und
- zuletzt, 2020, Covid-19

und da bilden wir uns ja ein, dass das jetzt vorüber ist und haben das in die Schublade der mit regelmäßigen Impfungen zu bekämpfenden Krankheiten reingelegt.

Aber dieses Covid hatte neben teilweise schrecklichen Krankheitsverläufen auch eine oft unbekannte Nebenwirkung, die ebenfalls nicht so leicht auszurotten ist. Diese Nebenwirkung hat einen Namen. Diese Nebenwirkung heißt „Zoom".

Der BigBrotherAward 2023 in der Kategorie Kommunikation geht an das Videokonferenzsystem **Zoom** bzw. an **die Menschen, die Zoom verwenden**.

Aus Zoom hat sich sogar schon ein Verb gebildet. Das Verb lautet „zoomen" und hat die Bedeutung „unter Beobachtung der Geheimdienste verschiedener Länder und Firmen, Geheimnisse ausplau-

Links zu allen Quellen unter: digitalcourage.de/jahrbuch24

Abgemahntes: BigBrotherAwards 2023

Grafik: Markus Korporal, cc by 4.0

zoo|men
(zuːmən), Verb

unter Beobachtung der Geheimdienste verschiedener Länder und Firmen Geheimnisse ausplaudern und gleichzeitig sein komplettes Beziehungsnetzwerk offen legen.

Nein, das ist nicht aus dem Duden. Das waren wir. :-)

dern und gleichzeitig sein komplettes Beziehungsnetzwerk offenlegen."

▶ Was ist Zoom? Und warum ist Zoom schrecklich?

Zoom ist der Versuch, Menschen, die miteinander in einer Videokonferenz kommunizieren wollen, in den Strudel des Überwachungskapitalismus zu ziehen.

Ich zitiere mal aus der Datenschutzerklärung, was Zoom so speichert und verarbeitet[1]:

- ▶ Informationen, die üblicherweise verwendet werden, um Sie zu identifizieren, wie z.B. Ihr Name, Ihr Benutzername, Ihre Anschrift, Ihre E-Mail-Adresse, Ihre Telefonnummern und andere ähnliche Identifikatoren
- ▶ Informationen über Ihre Tätigkeit, wie z.B. Ihre Berufsbezeichnung und Ihren Arbeitgeber
- ▶ Kredit-/Debitkarten- oder andere Zahlungsinformationen
- ▶ Facebook-Profilinformationen

- ▶ Allgemeine Informationen über Ihre Produkt- und Servicepräferenzen
- ▶ Informationen über Ihr Gerät, Ihr Netzwerk und Ihre Internetverbindung, wie z.B. Ihre IP-Adressen, MAC-Adresse, andere Geräte-ID, Gerätetyp, Betriebssystemtyp und -version sowie Client-Version
- ▶ Andere Informationen, die Sie während der Nutzung des Dienstes hochladen, bereitstellen oder erstellen („Kundeninhalte")

Und da steht weiter: „Wir sammeln diese Daten, um Ihnen die beste Erfahrung mit unseren Produkten zu bieten. Meistens erheben wir personenbezogene Daten direkt von Ihnen, direkt von Ihren Geräten oder direkt von jemandem, der mit Ihnen über Zoom-Dienste kommuniziert, wie z.B. ein Meeting-Gastgeber, Teilneh-

Erhältlich bei uns im Shop
Tasse: Zoomen

Tasse, die unserer Kritik an dem Videochat-Anbieter „Zoom" und dessen unkritischer Nutzung Ausdruck verleiht.

Preis: 12,90 EUR inkl. 19% USt. zzgl. Versand

▶ shop.digitalcourage.de

---

1 Quelle: Zoom.us, Link auf Jahrbuch-Webseite

Links zu allen Quellen unter: digitalcourage.de/jahrbuch24

Abgemahntes: BigBrotherAwards 2023

> ▶ Zoom versucht es mit weißer Salbe, die aus einer Mischung von Feenstaub und Schlangenöl angemischt wird. ◀

mer oder Anrufer. Einige unserer Erfassungen erfolgen auf automatisierter Basis – das heißt, sie werden automatisch erfasst, wenn Sie mit unseren Produkten interagieren."

Mangelhafter Datenschutz und mangelnde Datensicherheit waren häufig Thema in der Presse. Und jedes Mal wurde hier und da an der Legende gestrickt, dass Zoom ja gar nicht so schlimm sei. Ja, einige offensichtliche Sicherheitslücken wurden geschlossen. Aber der Datenschutz? Stattdessen versucht es Zoom mit weißer Salbe, die aus einer Mischung von Feenstaub und Schlangenöl angemischt wird. Sie spannten sogar die Deutsche Telekom als europäische Alternative vor ihren Karren.

Die Telekom stellte in einer Pressemeldung das Projekt „Zoom X" vor[2], das angeblich Zoom legal in Deutschland nutzbar machen sollte.

Ein Freund, den ich damals fragte, was er davon hielte, schaute sich die Pressemeldung an und antwortete mir: Dieses *Zoom X* wendet sich nur an Geschäftskunden. Privatkund.innen zahlen weiter mit ihren personenbezogenen Daten.

Die Telekom scheint technisch gar nicht wirklich involviert zu sein, wenn man von der Bereitstellung der Einwahlnummern für Retro-Kund.innen absieht.

Die Telekom schreibt in ihrer PR zum Beispiel: „Die Meeting-Daten von Teilnehmern aus Deutschland werden auf Servern in Deutschland verarbeitet."

Diese überspezifische Formulierung „Die Meeting-Daten" lässt offen, ob andere personenbezogene Daten und Meeting-

Screenshot: Electrical Experimenter/Internet Archive

Schon früher haben sich Menschen nach Videochats gesehnt. Allerdings hatten sie dabei mehr Stil als heutige Zoombies.

2 Quelle: telekom.com, Link auf Jahrbuch-Webseite

Abgemahntes: BigBrotherAwards 2023

Die Telekom versucht mit „Zoom X", uns den in Deutschland illegalen Dienst als unbedenklich zu verkaufen. Lassen Sie sich kein X für ein U vormachen!

Eine Firma wie Zoom, die in den USA ansässig ist, unterliegt dem Cloud Act, dem Patriot Act und dem FISA Act (Foreign Intelligence Surveillance Act). Und die bedeuten, dass eine Firma, die in den USA ansässig ist, sämtliche Daten von Nicht-US-Bürger.innen an die dortigen Geheimdienste weitergeben muss. Ganz egal, wo die Server stehen, auf denen die Dienste laufen. Ganz egal, was für nette Versprechen in ihren Privacy-Bestimmungen stehen. Firmen dürfen Betroffene nicht einmal darüber informieren, wenn sie Daten weitergegeben haben.

Metadaten trotzdem zum Hauptquartier von Zoom wandern. Bei allen bisher verfügbaren Zoom-Angeboten ist das der Fall, und daran wird sich wohl nichts ändern.

Die Telekom sagt nicht, wer die Server in Deutschland betreibt. Das lässt die Möglichkeit offen, dass sie bloß Reseller der Vanity-URL-Lösung sind. Eine Vanity-URL, als Beispiel nenne ich mal die fiktive Domain „universitaet.de", bedeutet nicht, dass der Server auch in Deutschland steht. Der kann genauso gut auch in den USA oder Bulgarien stehen. Und sowieso landen Meeting- und Benutzer-Metadaten immer in der „Public Zoom Cloud" – in den USA. Zoom ist in Europa nicht DSGVO-konform einsetzbar – und der Gerichtsstand ist: Kalifornien.

▶ **Firmen dürfen Betroffene nicht einmal darüber informieren, wenn sie Daten weitergegeben haben.** ◀

Zoom unterhält bekanntermaßen gute Beziehungen zur Volksrepublik China. Dort sitzt die 700 Personen starke Entwicklungsabteilung. Ursprünglich war dort auch die Erzeugung kryptografischer Schlüssel ansässig, und es ist bekannt geworden, dass zum Teil Konferenzen über den Umweg China geroutet wurden. Außerdem sind Konferenzen aktiv zensiert worden, wenn in ihnen „Tian'anmen-Platz" (Platz des Himmlischen Friedens) angesprochen wurde.

Links zu allen Quellen unter: digitalcourage.de/jahrbuch24

Abgemahntes: BigBrotherAwards 2023

▶ **Und jetzt zu Ihnen, die Sie Zoom verwenden und andere zum Verwenden anleiten:**

Alle lieben Zoom

Kopfschüttelnd muss ich zugestehen, dass Zoom extrem viel Verwendung findet. Angeblich sei das Videokonferenzieren mit Zoom so einfach und es würde immer funktionieren. Und deswegen ist man halt gerne bereit, seine Seele – und die Seele seiner Großmutter – dem Teufel zu verkaufen. Wenn Sie einen Einladungslink zu Zoom versenden, zwingen Sie andere in das Zoomiversum hinein.

Wenn Menschen Zoom ausgesetzt sind, führt das zum sofortigen Verlust jeglicher Technik-Kompetenz. Erst gerade habe ich wieder eine Einladung zu einem Online-Meeting geförderter Projekte einer großen politischen Stiftung erhalten, in dem ganz brav ein Link zu der Videokonferenzplattform BigBlueButton aufgeführt ist (ein Link und eine fünfstellige Raumnummer). Und dann steht da völlig machtunkritisch fett und groß: „Falls die BBB-Konferenz nicht klappt, ist hier ein Zoom-Link, dann wechseln wir dort hin", und dann folgen zehn umständlich formulierte Zeilen, auf welche Arten man dort gut hingelangen kann.

Damit diese hochpolitischen Projekte, die sich auf Straßen festkleben, Braunkohlebagger besetzen, BigBrotherAwards vergeben und Seenot-Rettungen organisieren, ihre Beziehungen untereinander den Geheimdiensten der „Five Eyes" gegenüber offenlegen müssen. Weil das angeblich sooo einfach ist und alles andere sooo kompliziert. Und nicht nur politische Projekte tun das. Auch Firmen, Forschungslabore, Regierungen – das Wort zoomen hat sich fast schon so fest etabliert wie das Wort googeln.

Und es ist wirklich wie mit der Legende,

Wenn es um die eigene Bequemlichkeit geht, werden selbst vorgeblich hochpolitische Menschen zu willenlosen Zoombies.

Collage: Markus Korporal mit Material von Panthermedia, cc by 4.0

Links zu allen Quellen unter: digitalcourage.de/jahrbuch24

Abgemahntes: BigBrotherAwards 2023

Foto: Matthias Hornung, cc by 4.0

Mädchen seien schlecht in Mathe: Sag den Menschen, B ist ganz kompliziert und funktioniert nie und dass sie das sowieso gar nicht können, weil sie inkompetent sind. Sag ihnen dann, A dagegen ist kinderleicht und funktioniert immer. Und das scheinbare Wunder geschieht: Während bei Menschen wie mir B (sowohl Jitsi und BigBlueButton – also selbst gehostete geheimdienst- und überwachungskapitalismusfreie Videokonferenzsysteme) immer funktioniert, versagt es bei den Zoombies, als hätte sie ein Fluch getroffen. Plötzlich funktioniert das Mikrofon nicht, die Kamera nicht, der Laptop fällt vom Tisch. Mit Zoom aber geht angeblich alles wie von selbst.

Bei ihnen funktioniert – oh Wunder – nur A, Zoom. Und das liegt zum Großteil an der Psychologie des Marketings und nicht an der Technik. Frei nach dem Motto: „Wenn's bei den Kommerzlösungen nicht funktioniert, liegt's an den Nutzer.innen. Funktioniert die Alternative nicht, liegt's an der Software …"

Und auch die Zertifizierung des BSI, des Bundesinstituts für Sicherheit in der Informationstechnik, hat keine Aussagekraft für das Datenschutzniveau. Das BSI hat gerade mal nur das Frontend getestet – nicht das Backend, wo die eigentliche Magie passiert.[3]

3 Siehe: Sektoruntersuchung Messenger- und Video-Dienste. Abschlussbericht des Bundeskartellamts unter Mitwirkung des Bundesamts für Sicherheit in der Informationstechnik (PDF). Bericht gemäß § 32e GWB. Az. V-28/20. Mai 2023. Link auf Jahrbuch-Webseite

Read my Lips: Ganz egal, was auch immer in einem Vertrag von Zoom steht. Auch Zoom ist – wie Microsoft, wie Google-Dienste, wie Facebook – nicht legal in Deutschland und Europa einsetzbar. Und das wisst ihr auch.

Und wirklich: Ihr seid nicht cool, weil Ihr wider besseres Wissen dann doch Zoom macht. Ihr seid nicht dann besonders erwachsen, wenn Ihr Dinge tut, die ihr eigentlich nie tun wollt, aber „es ging ja leider nicht anders". Doch, es geht anders. Selbst wenn Zoom es ein bisschen leichter machen sollte, ist es nicht okay, es zu verwenden.

Ich meinerseits erliege nicht dem Gruppenzwang und nehme an keinen Zoom-Konferenzen teil. Und das ist manchmal nicht leicht, weil mich das von Diskursen ausschließt und manchmal auch Geld kostet, weil ich auf Honorare verzichte

Links zu allen Quellen unter: digitalcourage.de/jahrbuch24

132 Abgemahntes: BigBrotherAwards 2023

Foto: Matthias Hornung, cc by 4.0

Wir müssen nur wollen: Die Zoomikalypse lässt sich noch aufhalten!

muss. Wer Zoom nutzt, ist selbstverletzend, ausgrenzend und unsolidarisch.

▶ **Zoom ist nicht nachhaltig. Es blutet uns finanziell und geistig aus.**

Woher kommt das Know-how im IT-Bereich, wenn wir dieses Know-how nicht ausbilden? Warum kaufen Universitäten teure (illegale!) Zoom-Lizenzen, statt Videokonferenz-Systeme auf Basis freier Software selbst zu hosten und weiterzuentwickeln? Wenn wir in einer Kommunikationsgesellschaft von Kommunikation auch Familien ernähren müssen, dann müssen wir viele, viele IT-Fachkräfte ausbilden. Und zwar *wirklich* ausbilden und ihnen nicht nur beibringen, stundenlang dem Besetztzeichen des Supports irgendeines zugekauften Produkts zu lauschen. Die vielen Sicherheitslücken, von denen wir Tag für Tag in den Medien hören, rühren unter anderem daher, dass wir Zoom nutzen statt selbst zu installieren, zu warten und weiterzuentwickeln.

Denken wir doch mal in den Dimensionen von Märkten: Wir brauchen, um in einer friedlichen übermacht-freien Gesellschaft mündige, souveräne, dezentrale Strukturen aufbauen zu können, gut ausgebildete Menschen, die ohne Berührungsängste Server aufsetzen, administrieren und sicher am Laufen halten können. Und damit es diese geben kann, dürfen wir unsere Mündigkeit und Souveränität nicht für ein Linsengericht verkaufen.

Ah, ich sehe, die anwesenden Kaufleute haben das gleich verstanden ;)

Ja, ich habe Sie direkt angesprochen. Ich weiß, dass hier im Saal viele sind und viele das Video sehen, die Zoom und anderes vergiftetes Candy nicht anfassen. Ich ahne aber auch, wie viele von denen, die von Datenschutz sprechen, von Souveränität, die Bücher über den Überwachungskapitalismus lesen, politisch aktiv sind – sich letztendlich einen

▶ **Woher kommt das Know-how im IT-Bereich, wenn wir dieses Know-how nicht ausbilden?** ◀

Links zu allen Quellen unter: digitalcourage.de/jahrbuch24

Abgemahntes: BigBrotherAwards 2023

Dreck drum scheren, wirklich etwas zum Besseren zu wenden. Wirklich, ich muss es so hart sagen: Ihr steht Euch selbst und dem Fortschritt der Menschheit im Wege; egal was für tolle digitale Veranstaltungen Ihr macht, wie Ihr über Zukunft redet, Buzzwords aneinanderreiht, smarte Überwachungscities plant, und Euch auf die anderen Bösen, die noch schlimmer sind als Ihr, einen – pardon – runterholt.

Verlasst eure Hölle und vor allem: Zwingt andere nicht in eure Hölle hinein, indem Ihr zu Zoom-Videokonferenzen einladet. Denn es ist schwer, dem Gruppenzwang zu widerstehen. Zu viele klicken dann trotz besseren Wissens auf den Link. Man will ja nicht dauernd „die Spielverderberin" sein.

Und klicken Sie nicht mehr auf Zoom-Links. Sie können auch charmant sagen, dass Sie Zoom nicht verwenden und Ihr Gegenüber eine andere Lösung finden muss. Digitalcourage hat in einer Themenwoche Menschen gefragt, wie sie reagieren würden und haben dazu eine kleine Sammlung der Antworten online gestellt.

Sie brauchen gar keine Beispiele? Sie sind selbst verständig und kreativ genug. Dann werden Ihnen auch selbst gute Worte einfallen, um sich der Zoomikalypse entgegenzustellen.

Und so, ja, kann ich sagen: „Herzlichen Glückwunsch, Zoom, zum BigBrotherAward 2023 in der Kategorie Kommunikation." Aber ehrlich? Die Firma Zoom ist mir ziemlich egal. Der Preis geht eigentlich an alle, die sich den Nebenwirkungen der Seuche Covid ergeben haben und Zoom nutzen.

▶ **Verlasst eure Hölle und vor allem: Zwingt andere nicht in Eure Hölle hinein.** ◀

Und ich hoffe, dass dieser BigBrother-Award Eure Abwehrkräfte stärkt und Ihr Zoom nie nie nie mehr verwendet.

▶ Herzlichen Glückwunsch an Euch, zum BigBrotherAward 2023 in der Kategorie Kommunikation. Wir sehen uns. Aber nicht auf Zoom.

Was hilft gegen die Seuche Zoom? Alle Widerstandsregler hochfahren!

Foto: Matthias Hornung, cc by 4.0

Links zu allen Quellen unter: digitalcourage.de/jahrbuch24

Abgemahntes: BigBrotherAwards 2023

Foto: Inflac, cc by 4.0

Laudator padeluun verzichtet lieber auf Honorare, als Zoom nutzen zu müssen.

Wie es weiter ging

Patrick Wildermann

Kommentare unseres Publikums via Mastodon:

▶ „Man kann sich der ‚Zoomikalypse' entgegenstellen, wie man auch auf WhatsApp verzichten kann!"

▶ „Menschen, die unfaire Plattformen nutzen, haben eben auch eine Verantwortung für die, die sie dazu einladen. Da sollten wir uns alle an die eigene Nase fassen und ein paar Dinge anders machen."

▶ „Zoom heißt jetzt ZoomX, sonst ändert sich nichts …"

▶ „Zum Glück belässt es Digitalcourage nicht bei der Kritik, sondern nennt auch gute Alternativen."

▶ „Thank you so much padeluun for reflecting my anger about Zoom …"

▶ „Ich finde ja, Unternehmen, die Zoom nutzen, sollten abmahnbar sein. Gerne mit 6-stelligen Summen …"

Unsere Warnung vor der Zoomikalypse findet breiten Widerhall – was sich nicht nur an der Beliebtheit unserer „Stoppt die Zoombies"-Aufkleber zeigt. Unter anderem widmete die taz dem BBA für das Videokonferenztool und alle, die es nutzen, einen ausführlichen Artikel (Link über die Jahrbuch-Webseite). „taz"-Autorin Svenja Bergt erinnert daran, dass der Bundesdatenschutzbeauftrage Ulrich Kelber bereits zu Beginn der Pandemie vor der Nutzung von Zoom gewarnt habe: „Ein Dienst ohne Ende-zu-Ende-Verschlüsselung solle nicht verwendet werden, wenn es bei der Kommunikation auch um personenbezogene Informationen geht." Auch die Berliner Landesdatenschutzbeauftragte – die verschiedene Videokonferenzdienste nach einem Ampelsystem bewertet hat – habe bei Zoom Rot gesehen. Zu Recht.

Und das Unternehmen selbst? Lässt eine Sprecherin maximal unverbindlich

Links zu allen Quellen unter: digitalcourage.de/jahrbuch24

ausrichten, man habe „in den letzten Jahren sehr viele Ressourcen in den Ausbau unserer Datenschutzmaßnahmen investiert, gerade auch mit Blick auf die deutschen und europäischen Anforderungen". Verwiesen wird auch auf eine Datenschutz-Beurteilung von Zoom durch einen niederländischen Forschungs- und Bildungsverband (SURF). Der bescheinigt dem Unternehmen, es setze sich dafür ein, eine Verarbeitung von Daten ausschließlich in der EU „bis Ende dieses Jahres weitgehend zu ermöglichen". Betonung auf „weitgehend"? Laudator padeluun kommentiert: „Die naivste ‚Bei uns ist alles sicher'-Erklärung, die ich in jüngster Zeit gehört habe."

> „Die naivste ‚Bei uns ist alles sicher'-Erklärung, die ich in jüngster Zeit gehört habe."

Das Hohnlachen vergeht einem allerdings bei der Lektüre eines Textes, den die Plattform cyberscoop im Mai 2023 veröffentlicht hat. Unter dem Titel „Zoom executives knew about key elements of plan to censor Chinese activists" beschreibt der Autor, wie Zoom sich den Zensurbestrebungen der chinesischen Regierung beugt, um die eigene Marktstellung im Land zu festigen. Wie die Familien von in den USA lebenden chinesischen Dissident.innen, die sich per Zoom zu Gesprächen über den Jahrestag des Tianmen-Massakers verabredet hatten, Besuch von der chinesischen Polizei erhielten. In padeluuns Augen ein weiterer Beleg dafür, „dass es eben keine individuelle Entscheidung ist, Zoom zu benutzen, sondern eine mit gefährlichen gesellschaftlichen Konsequenzen."

Im Nachklang der BigBrotherAwards haben ihn viele Nachrichten von Menschen erreicht, die sich mittlerweile weigern, an Zoom-Konferenzen teilzunehmen und eine der zahlreichen datenschutzkonformen Alternativen vorschlagen, auf die auch Digitalcourage verweist (unter digitalcourage.de/videokonferenzen). „Der Bewusstseinswandel macht sich stärker bemerkbar, als ich je erwartet hätte", so padeluun. (▶ Seite 173)

Erhältlich bei uns im Shop
Aufkleber: Stoppt die Zoombies

Wer Zoom nutzt, ist selbstverletzend, ausgrenzend und unsolidarisch – wir nennen diese Menschen Zoombies.
2,50 EUR / 10 Stück
inkl. 19% USt. zzgl. Versand

▶ shop.digitalcourage.de

Foto:Inflac, cc by 4.0

Die BigBrotherAward-Crew 2023 – Sie machen es möglich

Kategorie Lebenswerk
Microsoft

Thilo Weichert

Foto: Matthias Hornung, cc by 4.0

Laudator: Dr. Thilo Weichert, Netzwerk Datenschutz-Expertise

Den BigBrotherAward 2023 in der Kategorie Lebenswerk erhält **Microsoft** dafür, dass es mit seiner Marktmacht Menschen, Unternehmen und Behörden dazu zwingt, dass sie bei ihren digitalen Aktivitäten dauernd Daten übermitteln und sich dadurch in Echtzeit überwachbar machen.

Wenn von US-amerikanischen Datenkraken die Rede ist, dann geht es zumeist um Google und Meta bzw. Facebook, vielleicht auch um Amazon oder verstärkt Apple. Diesen Firmen wird zu Recht vorgeworfen, dass sie global massenhaft Daten sammeln und sie kommerziell, insbesondere für Werbezwecke – unter Missachtung des Datenschutzes – verwerten. Microsoft segelt regelmäßig unterhalb der Wahrnehmungsschwelle, obwohl das Unternehmen erfolgreich die in unseren Augen gefährlichere Datenstrategie verfolgt. Diese setzt weniger auf kurzfristige Werbeerlöse, sondern darauf, Menschen, Unternehmen und Behörden total von seinen Diensten abhängig zu machen.

▶ **Microsoft kontrolliert praktisch die gesamte Datenverarbeitung** ◀

Nicht nur hat der Konzern seine Büro-Software weltweit als Standard etabliert. Nach dem Verdrängen von Alternativen werden die Anwender nun auch gezwungen, beim Betrieb der Software die Microsoft-eigene Cloud zu nutzen. Das Ergebnis: Microsoft kontrolliert praktisch die gesamte Datenverarbeitung.

Abgemahntes: BigBrotherAwards 2023

Microsoft will doch nur, dass wir spielen. Und natürlich in der schönen neuen Gamingwelt kräftig mitkassieren.

Microsoft hat schon im Jahr 2002 den BigBrother-Lifetime-Award für eine flächendeckende Urheberrechts-Kontrolltechnologie, das Digital Rights Management, erhalten.[1] 2018 haben wir dem Unternehmen den BBA in der Kategorie Technik verliehen, weil Windows 10 sich dauernd mit der Firmenzentrale in den USA austauscht.[2] Jetzt toppt das Unternehmen mit Office 365 und allen angeschlossenen Diensten die Abhängigkeit der Nutzenden. Dafür gebührt ihm der nächste Lifetime-Award.

Der Konzern beherrscht nicht nur die private und berufliche Verarbeitung und Kommunikation, sondern bemächtigt sich zunehmend unseres Konsum- und Freizeitverhaltens. Er setzt mit seiner Xbox auf Gaming und will für 69 Milliarden Dollar den Spielehersteller Activision Blizzard kaufen,[3] um sich die Tür zum sog. Metaverse zu öffnen.[4] Die Endkunden werden mit Desktop-Streaming jeglicher Art beglückt. Durch die Beteiligung an OpenAI zum Preis von zehn Milliarden US-Dollar steigt Microsoft in das Geschäft mit sog. Künstlicher Intelligenz ein und versucht, durch eine Einbindung des Chatbots ChatGPT in seine Suchmaschine Bing den Quasi-Monopolisten Alphabet bzw. Google zu verdrängen. Microsoft stellt den Menschen vorausgefüllte Antworten zur Verfügung und trägt dazu bei, deren Fähigkeit zum eigenständigen kritischen Denken zu mindern.[5]

Teil des Geschäftsmodells von Microsoft ist es, immer komplexere Software auf den Markt zu werfen, so dass die Nutzenden immer leistungsfähigere Endgeräte benötigen. Der neueste Clou ist

Wofür in Stanley Kubricks „2001" der Supercomputer HAL 9000 alle Rechenkräfte aufbieten musste, das erledigt heute ChatGPT mit links. Vermeintlich jedenfalls.

---

1 Link auf Jahrbuch-Webseite
2 Link auf Jahrbuch-Webseite
3 Quelle: gamestar.de, Link auf Jahrbuch-Webseite
4 Quelle: Süddeutsche Zeitung, Link auf Jahrbuch-Webseite
5 Quelle: heise.de, Link auf Jahrbuch-Webseite

Links zu allen Quellen unter: digitalcourage.de/jahrbuch24

Abgemahntes: BigBrotherAwards 2023

Foto: Matthias Hornung, cc by 4.0

Microsoft will die Linie zwischen Cloud und Endgerät verschwimmen lassen, …

es, die Software mit KI angeblich noch „intelligenter" zu machen. Davon profitiert zunächst die Hardware-Industrie, also Prozessor-Hersteller wie AMD oder Intel.[6] Zugleich drängt Microsoft die Nutzenden, Software as a Service, sprich: die Cloud-Angebote von Microsoft – Azure – zu nutzen. Die Software läuft nicht mehr auf dem privaten PC, auch größere Unternehmensrechner sind davon immer mehr überfordert. Es ist erklärtes Ziel von Microsoft, so Panos Panay, Chief Product Officer (CPO), „die Linie zwischen Cloud und Endgerät verschwimmen" zu lassen[7] – also die Datenkontrolle in die Cloud von Microsoft zu verlagern.

Microsoft, das als reiner Softwareanbieter begann, hat inzwischen einen weltweiten Cloud-Marktanteil von ca. 30 %.

Man sollte meinen, die Politik hätte die damit verbundene Gefahr erkannt. Schon die alte CDU/CSU/SPD-Regierung wollte sich im Digitalen von den „Zwängen aus Abhängigkeiten von ausländischen Anbietern oder Monopolen" befreien, verfolgte aber – so wörtlich – keinen „Big-Bang"-Ansatz. Getan hat sie gegen die Microsoft-Dominanz praktisch nichts. 96 % aller bundesunmittelbaren Behörden nutzten 2018 Microsoft Office sowie Windows, 69 % Windows Server.[8] Auch die Wirtschaft verlässt sich fast ausschließlich auf Microsoft-Produkte. So ist Deutschlands Kfz-Vorzeigehersteller VW praktisch vollständig von Microsoft abhängig. Allein Windows kommt in mehr als drei Viertel aller Unternehmen zum Einsatz.[9]

2022 kippte die Berliner Senatsverwaltung die zuvor beschlossene Versorgung aller Berliner Lehrkräfte mit der dienstlichen Software eines datenschutzkonformen lokalen Anbieters – und stellte

Grafik: Digitalcourage, cc by 4.0

Mal wieder eine verpasste Chance: Statt mit datenschutzkonformen Alternativen arbeiten Berliner Lehrkräfte künftig mit Microsoft Exchange.

---

6 Quelle: heise.de, Link auf Jahrbuch-Webseite
7 Zit. nach Weiß/Mangel (s.o.).
8 Bundestagsdrucksache. 19/29476
9 Quelle: tagesschau.de, Link auf Jahrbuch-Webseite

Links zu allen Quellen unter: digitalcourage.de/jahrbuch24

Abgemahntes: BigBrotherAwards 2023

Foto: Matthias Hornung, cc by 4.0

… also die Datenkontrolle in ihre eigene Cloud verlagern.

alles auf Microsoft Exchange um. Mit der Begründung, dies sei angeblich preiswerter und passe besser zu den Geräten der Lehrkräfte. 10.000 der 34.000 Lehrkräfte waren schon mit neuen Zugängen des lokalen Anbieters ausgestattet.[10] Ob Microsoft kurzfristig billiger ist, ist fraglich. Dass die langfristige Bindung an Microsoft letztlich nur dem Unternehmen dient, ist offensichtlich.

Die Konferenz der deutschen Datenschutzaufsichtsbehörden hat im November 2022 nach jahrelanger Diskussion mit Microsoft einstimmig festgestellt, dass Microsoft 365 nicht mit der DSGVO in Einklang zu bringen sei. Bei jedem monatlichen Update werden über tausend Software-Veränderungen vorgenommen, die weder nachvollziehbar, geschweige denn dokumentiert sind. Die von Microsoft vorgegebenen Vertragsbedingungen sind unklar. Das Unternehmen teilt nicht mit, welche Unterauftragnehmer es einspannt, die ebenso wie Microsoft Personendaten erhalten.[11] Es bleibt selbst nach mehrfacher Überarbeitung der Dokumente zur Cloud-Datenverarbeitung offen, welche Daten von dem Unternehmen für eigene Zwecke verwendet werden. Weder für Datenschützer noch für die Nutzenden ist überprüfbar, „ob alle Schritte rechtmäßig sind".[12] Das Bundeskartellamt hat Ende März 2023 gegen Microsoft ein Verfahren eingeleitet, weil der Verdacht besteht, dass das Unternehmen seine Marktmacht missbraucht.[13]

Erhältlich im Digitalcourage-Shop!
Aufkleber
„Digitalcourage Bildungspaket"

10 Motive gemischt, DIN A8 (5,2 x 7,4 cm)
Preis: 2,50 Euro, inkl. USt., zzgl. Versand

▶ shop.digitalcourage.de

10 Quelle: tagesspiegel.de, Link auf Jahrbuch-Webseite

11 Quelle: DSK, Weichert CuA 2/2023, 31 ff., PDF-Link auf Jahrbuch-Webseite

12 Quelle: heise.de, Link auf Jahrbuch-Webseite

13 Ebenda, Link auf Jahrbuch-Webseite

Links zu allen Quellen unter: digitalcourage.de/jahrbuch24

Screenshot bundeskartellamt.de

Jetzt auch amtlich: Gegen das Microsoft-Monopol ermittelt in Deutschland das Bundeskartellamt.

Zugunsten von Microsoft und anderen Großkonzernen wird immer wieder vorgebracht, sie böten den Anwendenden mehr Cybersicherheit. Diese steile These wurde am 25. Januar 2023 wieder einmal widerlegt, als wegen einer Netzwerk-Konfiguration beim Cloudangebot Azure weltweit Microsoft-Dienste ausfielen.[14] 2021 hat das Bundesamt für die Sicherheit in der Informationstechnik (BSI) eine gravierende Schwachstelle in Microsoft Exchange auf 98 % aller geprüften Systeme festgestellt. Das BSI reagierte darauf mit einer Warnung der Stufe Rot.[15] Zweifellos kann Microsoft viel Geld für IT-Sicherheit ausgeben. Zugleich wird deren komplexe Software immer anfälliger für externe Angriffe und Ausfälle. Zudem: Clouds und Einheitssoftware sind wegen des potenziell größtmöglichen Angriffserfolgs beliebteste Hackerziele. Im Fall eines Internet-Blackouts läuft über die Cloud überhaupt nichts mehr.

Eine zusätzliche Brisanz hat die Konzentration Microsofts auf sein Cloud-Geschäft dadurch, dass die in die USA abfließenden Daten dem Zugriff der dortigen Sicherheitsbehörden und Geheimdienste ausgesetzt sind. Der Europäische Gerichtshof hat mit Urteil vom 16.07.2020 zum Privacy Shield erneut festgestellt, dass das Datenschutzniveau in den USA zu niedrig ist und keine Vorkehrungen gegen behördliche Massenzugriffe enthält.[16]

▶ **Die Cloud: wegen des potenziell größtmöglichen Angriffserfolgs beliebtestes Hackerziel** ◀

Um den EU-Markt weiterhin zu dominieren, bietet Microsoft verstärkt seine Dienste über europäische Rechenzentren an. Mit einem Anfang 2023 gestarteten „EU Data Boundary" wirbt es um Vertrauen für Microsoft 365, Azure und Konsorten. Microsoft baut derzeit 17 Rechenzentren in Europa auf und aus. Dies ändert aber nichts an dem Umstand, dass US-Behörden auf diese Daten per Cloud-Act und Foreign Intelligence Surveillance Act

---

14 Quelle: Süddeutsche Zeitung, Link auf Jahrbuch-Webseite
15 Ebenda, Link auf Jahrbuch-Webseite
16 EuGH 16.07.2020 – C-311/18, Schrems II

Abgemahntes: BigBrotherAwards 2023

Wäre gern Verteidigungsministerin geworden: Marianne Janik, Vorsitzende der Geschäftsführung von Microsoft Deutschland

„Microsoft ist eine große Bevormundungsmaschine, die uns unserer digitalen Souveränität beraubt."

Zugriff einfordern.[17] Diese Gesetze verpflichten Microsoft, auch im Ausland verarbeitete Daten den US-Sicherheitsbehörden zur Verfügung zu stellen und hierüber Stillschweigen zu wahren.

Für deutsche Behörden soll es 2024 eine eigene Microsoft-Cloud geben. Als Betreiber wird das deutsche SAP vorgeschoben.[18] Unklar bleibt, ob dadurch wirklich die Kontrolle über die Datenverarbeitung gewährleistet wird.

Marianne Janik ist Vorsitzende der Geschäftsführung von Microsoft Deutschland. Ihr alternativer Traumberuf, so hat sie in einem Interview erklärt, wäre Verteidigungsministerin. Janik hält den US-Cloud-Act für ein rechtsstaatliches Instrument und gibt „bösen Datenschützern" eine Mitschuld für unsere Digitalisierungsdefizite in Deutschland. Unklar bleibt, ob sie das „bösen" ironisch meint.[19]

Microsoft tut zwar immer so, als sei Datenschutz auch sein eigenes Anliegen. Tatsächlich ist das einzige Ziel des Unternehmens, uns in seine Cloud zu locken, ja zu zwingen. Eine Nutzung der Software ohne personalisierten Account ist kaum noch möglich, erst recht nicht die Installation auf einem vom Internet abgekoppelten Rechner. Microsoft ist eine große Bevormundungsmaschine, die uns unserer digitalen Souveränität beraubt.

▶ Deshalb:
Herzlichen Glückwunsch, Microsoft.
Herzlichen Glückwunsch, Marianne Janik, Vorsitzende der Geschäftsführung von Microsoft Deutschland.

---

17 Quelle: Computerwoche, Link auf Jahrbuch-Webseite
18 Quelle: heise.de, Link auf Jahrbuch-Webseite
19 Ebenda, Link auf Jahrbuch-Webseite

Links zu allen Quellen unter: digitalcourage.de/jahrbuch24

Wie es weiter ging

Patrick Wildermann

Kommentare unseres Publikums auf Mastodon:

▶ „Wenn man bedenkt, dass Microsoft vor Jahren das Karrierenetzwerk LinkedIn aufgekauft hat, kann man sich vorstellen, dass Daten über Schülerinnen und Schüler irgendwann auch bei LinkedIn einfließen, z.B. um ein „KI"-Modell zu trainieren, das Unternehmen geeignete Bewerber.innen empfiehlt oder umgekehrt."

▶ „Es gibt kaum ein Unternehmen, dem ich die BigBrotherAwards mehr gönne als Microsoft … danke danke danke!"

▶ „Mal wieder sehr sehenswert … In der Laudatio zu Microsoft steckte auch noch ein kleiner Schulbezug – Microsoft Exchange für Berliner Lehrkräfte …"

Der bereits zweite „Lebenswerk"-Award für BBA-Stammkunde Microsoft hat viel Resonanz in der Berichterstattung über die diesjährige Preisverleihung gefunden. Medien wie netzpolitik.org und heise.de räumen ihm ebenso viel Platz ein wie zahlreiche thematisch bewanderte Blogger.innen. Günter Born etwa rückt auf „Borncity" (Link über die Jahrbuch-Webseite) auch noch mal die „Vorstellung von Otto-Normal-Mensch" gerade, „dass Google und Meta bzw. Facebook oder vielleicht Amazon sowie der Mac- und iPhone-Konzern Apple die großen US-Datenkraken" seien. Das stimme zwar, schließlich sammelten alle Genannten global massenhaft Daten, um sie unter Missachtung des Datenschutzes vor allem für Werbezwecke zu verwenden. Aber der eigentliche „Wolf im Schafspelz" sei das Unternehmen aus Redmond, Microsoft, mit seiner von Laudator Thilo Weichert beschriebenen Strategie, Privatmenschen, Firmen und Behörden total von seinen Diensten abhängig zu machen.

Und was sagt Microsoft? „Den Award müssen wir dankend ablehnen, denn er entspricht nicht den Fakten", zitieren mehrere Medien – unter anderem finanzen.net (Link über die Jahrbuch-Webseite) einen Sprecher von Microsoft Deutschland. Man erfülle die strengen EU-Datenschutzgesetze nicht nur, sondern „übertreffe sie sogar". Für Thilo Weichert eine „absolut unverbindliche Aussage, die alles und nichts bedeuten kann." Und die somit zu den übrigen Zusicherungen passe, die Microsoft in der Vergangenheit gemacht habe: „Der Konzern zündet Nebelkerzen, ist aber nicht bereit oder in der Lage offenzulegen, welche Daten-Verarbeitungen in den USA stattfinden, auf welche Daten die NSA und andere Behörden im Zweifelsfall Zugriff haben."

„Von wegen „entspricht nicht den Fakten": Die in der Laudatio genannten Vorwürfe sind minutiös mit Quellen belegt. Was man von den Aussagen von Microsoft nicht behaupten kann", ergänzt Rena Tangens.

Links zu allen Quellen unter: digitalcourage.de/jahrbuch24

Abgemahntes: BigBrotherAwards 2023

Bei den BigBrotherAwards 2002 hat der Datenschutzbeauftrage von Microsoft Deutschland die verdiente Auszeichnung noch persönlich entgegegengenommen.

Microsoft weiter: „Seit Anfang 2023 können unsere in der EU ansässigen Kunden aus dem öffentlichen Sektor und Unternehmenskunden Daten aus Microsoft Azure, Power Platform und Dynamics innerhalb der EU speichern und auch verarbeiten." – „Aber eben nicht ausschließlich", kontert Thilo Weichert. Mal abgesehen davon, dass Privatmenschen hier unerwähnt blieben, hätten die Datenschutzbehörden ganz klar festgestellt, „dass eine Datenverarbeitung nur in der Europäischen Union nicht zugesichert wird und werden kann." Und alle Versuche der Aufsichtsbehörden, daran etwas zu ändern, seien von Microsoft „offensichtlich zurückgewiesen worden."

Eine interessante Meldung kommt im Zusammenhang mit unserem „Lebenswerk"-BBA im Mai 2023 von golem.de: Ein Rechtsgutachten im Auftrag der Bundesländer sollte klären, ob sie Microsoft 365 in der Verwaltung datenschutzkonform einsetzen können. Mit welchem Ergebnis? Das hätte nicht nur das Portal golem gern gewusst – doch dessen Antrag auf Einsicht wird von der IT und Technik des Landes NRW (IT.NRW) zurückgewiesen. Mit der Begründung, eine Veröffentlichung könnte die Verhandlungsposition gegenüber Microsoft „erheblich schwächen". Der Hintergrund: Die Länder wollen cloudbasierte Lösungen einsetzen, sehen aber selbst die Gefahr, von einzelnen Anbietern abhängig zu werden und die Kontrolle über die eigene IT zu verlieren.

Das in Auftrag gegebene Gutachten solle helfen, so zitieren es die golem-Autoren Moritz Tremmel und Friedhelm Greis, „erkannte Schmerzpunkte" in Verträgen zu reduzieren, die 2021 zwischen dem Bund und Microsoft geschlossen wurden. „Reduzieren" also – nicht beseitigen. „Das passt in die Gesamtlandschaft", so Thilo Weichert: „Einerseits ist den Landesverwaltungen bewusst, dass Microsoft 365 nicht rechtskonform betrieben werden kann, auf der anderen Seite trauen sie sich nicht, einen eigenen Weg zu gehen. Das veranlasst sie dazu, sich selbst und die Bürger im Dunkeln zu lassen und damit einen Konzern zu schützen, der gegenüber den Nutzern gnadenlos seine Überwachungsinteressen durchsetzt."

Links zu allen Quellen unter: digitalcourage.de/jahrbuch24

Abgemahntes: BigBrotherAwards 2023

Laudatorin Rena Tangens, Digitalcourage

Kategorie Verbraucherschutz
Deutsche Post DHL Group

Rena Tangens

Lieber Preisträger,

„Leider haben wir Sie nicht angetroffen." Deshalb gibt es jetzt eine öffentliche Zustellung:

Der BigBrotherAward in der Kategorie Verbraucherschutz geht an die **Deutsche Post DHL Group**,

▶ weil sie die Technik ihrer Packstationen so umgestellt haben, dass man dort kein Paket mehr abholen kann ohne Smartphone und die Nutzung der Post & DHL App.

▶ weil die Post & DHL App sofort nach dem Start ungefragt munter Daten an Trackingfirmen sendet. Das ist illegal.

▶ für den Versuch, sich den Pflichten der Grundversorgung bei der Briefzustellung zu entziehen, u.a. durch den Plan, Postfilialen durch Automaten – sogenannte Poststationen – zu ersetzen.

Erinnern Sie sich an die Zeiten, als Kinder noch unbeaufsichtigt draußen spielen durften? Manchmal haben die Streiche gespielt: Sie haben irgendwo an

Links zu allen Quellen unter: digitalcourage.de/jahrbuch24

Abgemahntes: BigBrotherAwards 2023

Jederzeit abholbereit: Der BigBrotherAward für DHL wartet noch immer bei Digitalcourage.

einer Haustür geklingelt – und sind dann schnell weggelaufen.

Diese Kinder sind jetzt erwachsen und arbeiten heute bei DHL.[1]

Manchmal klingeln sie auch vorsichtshalber gar nicht erst, sondern werfen direkt eine Karte in Ihren Briefkasten, die Ihnen mitteilt, dass Sie nicht angetroffen wurden. Dann gibt es mehrere Möglichkeiten: Das Paket wurde einem freundlichen Nachbarn übergeben. Oder: Das Paket geht an ein Postamt, wo Sie es zu den vorgegebenen Öffnungszeiten

("heute jedoch nicht") abholen müssen. Oder es landet in einer DHL-Packstation. Wenn Sie Glück haben, in der Packstation beim Supermarkt um die Ecke. Wenn Sie Pech haben, bei irgendeiner am anderen Ende der Stadt.

Keine Frage, so eine Packstation kann praktisch sein. Man muss sich dafür anmelden. Bisher bekam man dann eine DHL-Kundenkarte. Mit der Kundenkarte und einer PIN für das Paket konnte man dann zu jeder Tages- und Nachtzeit das Paket abholen.

Nicht so nett ist die Überraschung, wenn Sie sich gar nicht bei der Packstation angemeldet haben, aber Ihr Paket trotzdem dorthin umgeleitet wurde.

Ganz besonders, wenn es sich bei der Packstation um das neue Modell handelt

---

[1] Danke für diese Erkenntnis an Ingo Börchers und seinen „Satirischen Jahresrückblick" Ende 2022. Siehe Seite 87.

Abgemahntes: BigBrotherAwards 2023

Grafik: Isabel Wienold, cc by 4.0

DHL nutzt jetzt für die Datenübertragung zwischen Packstation und Post-Server kackfrech das Smartphone der Kund.innen

– die sogenannte lean (also: schlanke) Packstation. Eine solche „schlanke" Packstation hat kein Display mehr zur Bedienung. Nun stehen Sie ratlos davor und fragen sich, wie Sie denn jetzt an Ihr Paket kommen.

▶ Der Zwang zum Smartphone – Digitalzwang!

„Lean" heißt, dass DHL nicht nur das Display eingespart hat, sondern auch das Kartenlesegerät und die Netzanbindung. Technisch gesehen bedeutet das: Ihr Smartphone muss eine Verbindung zur Packstation via Bluetooth Low Energy aufmachen. Und über die Post & DHL App muss es eine Mobilfunk-Verbindung zum zentralen Rechenzentrum der Post herstellen. Ohne diese Verbindung zum Rechenzentrum ist so eine neue Packstation dumm wie Brot und weiß nicht mehr, was für wen in welchem Fach liegt. Die Post spart die eigenständige Netzanbindung der Packstationen ein – und nutzt jetzt für die Datenübertragung zwischen Packstation und Post-Server kackfrech das Smartphone der Kundinnen und Kunden.

Wenn die Packstation nun in einer Gegend mit schlechtem Mobilfunk-empfang steht? Pech gehabt.[2] Wenn das Guthaben für Mobildaten auf Ihrem Gerät verbraucht ist? Pech gehabt. Und wenn Sie gar kein Smartphone haben? Dann können Sie das mit der Abholung komplett vergessen. Ist Ihnen schon klar, oder? Ohne Smartphone haben Sie eigentlich gar keine Lebensberechtigung mehr.

Dabei gibt es gute Gründe, kein Smartphone zu haben: Es gibt Menschen, die schlicht kein Geld dafür übrig haben. Andere sind vielleicht zu alt, um sich noch mit der Technik auseinander zu wollen (aber möchten trotzdem gerne Pakete empfangen!) Und schließlich gibt es sehr technikaffine Menschen, die gerade weil sie sich gut auskennen, nicht dauernd mit einem solchen Taschen-Spion herumlaufen wollen.

2 Ja, das gibt es tatsächlich!

Links zu allen Quellen unter: digitalcourage.de/jahrbuch24

Abgemahntes: BigBrotherAwards 2023

Nein, liebe Post & DHL: Es ist überhaupt nicht ok, einfach vorauszusetzen, dass jede und jeder ein Smartphone haben muss.

▶ Die Post & DHL App – erst senden, dann fragen

Selbst wenn sie ein Smartphone besitzen, gibt es gute Gründe, die „Post & DHL-App" nicht darauf installieren zu wollen. So fängt die Post & DHL App nach dem Start sofort munter an, Daten an externe Stellen zu übertragen.

Der IT-Sicherheitsexperte Mike Kuketz hat das Verhalten der App gründlich geprüft und dabei Folgendes herausgefunden: Die App macht Verbindungen auf u.a. zu Google Firebase (USA), Adobe Inc. (USA), u.a. der Adobe Experience Cloud[3] und zu Google Firebase Remote Config (USA). Weiterhin zu Sentry[4], und schließlich zum Google-Firebase-Analytics-Tracker.

Wohlgemerkt: Das passiert alles für Sie unsichtbar, noch bevor Sie irgendwie mit der App interagiert haben. Dann erscheint – Sie haben es befürchtet – ein Cookie-Consent-Banner. Hier passiert das Übliche: Durch manipulatives Design versucht man Sie dazu zu verlocken, auf den roten Button mit „Alle akzeptieren" zu klicken.

Doch auch wer geschafft hat, „Nur Auswahl bestätigen" anzuklicken, ist

---

3 Nähere Informationen: siehe Jahrbuch-Webseite
4 Nähere Informationen: siehe Jahrbuch-Webseite

Screenshots Coookiemeldungen in DHL App

„Nur Auswahl bestätigen"? Ist angesichts der Cookie-Policy der Post leider keine Option für Menschen, die ihre Daten ungern in die USA verschicken.

Links zu allen Quellen unter: digitalcourage.de/jahrbuch24

Abgemahntes: BigBrotherAwards 2023

damit keinesfalls vor weiteren Trackern gefeit. Sogleich wird eine weitere Verbindung zu Adobe aufgemacht und weitere Dateien zur Verhaltensmessung nachgeladen.

▶ **Rechtliche Bewertung der App**

Rechtsanwalt Peter Hense hat die Post & DHL App juristisch geprüft. Sein Fazit: Sowohl die europäische Datenschutzgrundverordnung (DSGVO) wie auch das TTDSG (Telekommunikation-Telemedien-Datenschutzgesetz) werden sträflich missachtet. Denn die Übermitt-

▶ **Für solche Verstöße gegen geltendes Recht sieht die DSGVO deutliche Bußgelder vor.** ◀

lung von Daten an Google und Adobe, beide in den USA ansässig, ist einwilligungspflichtig.[5] Die Post & DHL App überträgt die Daten aber schon, bevor das Consent-Banner angezeigt wird. Einfach auf „Alle akzeptieren" klicken reicht übrigens nicht für eine informierte Einwilligung. Denn dafür müsste vorher verständlich informiert werden, welche persönlichen wirtschaftlichen Konsequenzen es haben kann, wenn man einer Datennutzung durch Tracking zustimmt. Was die Post nicht tut. Also liegt keine gültige Einwilligung vor – und damit ist jede Datenverarbeitung auf dieser Basis schlicht rechtswidrig. Für solche Verstöße gegen geltendes Recht sieht die DSGVO übrigens deutliche Bußgelder vor: 4 % vom globalen Umsatz der Deutschen Post DHL (94 Milliarden Euro im Jahr 2022) sind eine Größenordnung, wo eigentlich auch das Management anfangen sollte, sich für Datenschutz zu interessieren …[6]

Mike Kuketz hat die Deutsche Post AG DHL über die technische und juristische Analyse der Post & DHL App informiert. Die Antwort der Deutschen Post AG ist komplett uneinsichtig. In Kurzform: „Es ist alles in Ordnung, hier gibt es nichts zu sehen, bitte gehen Sie weiter."

Pressefoto, © Deutsche Post DHL Group

Willkommen in der Tracking-Hölle! Bezüglich ihrer App bleibt die Post DHL Group viele Antworten schuldig.

5 Die gesetzlichen Vorgaben für eine gültige Einwilligung sind in § 25 TTDSG geregelt. Vgl (EuGH, Urt. v. 30.4.2014 – C-26/13, Rn. 71 – Kásler/OTP Jelzálogbank Zrt. Link auf Jahrbuch-Webseite

6 Nähere Informationen: siehe Jahrbuch-Webseite

Links zu allen Quellen unter: digitalcourage.de/jahrbuch24

Abgemahntes: BigBrotherAwards 2023

Pressefoto, (c) Deutsche Post DHL Group

Dieser ehemalige Staatskonzern meint, als Aktiengesellschaft geltendes Recht einfach missachten zu dürfen – und hält sich offenbar für völlig unangreifbar.

Dabei wäre es durchaus möglich, die Paketabholung datenschutz- und verbraucherfreundlich zu programmieren. Wir fragen uns, ob die mangelhafte Gestaltung von Packstationen und App durch bösartige Absicht oder durch pure Unfähigkeit zustande kommt. Die Frage stellt sich nochmal neu, wenn man weiß, dass die Post / DHL gerade die Hälfte der zuständigen IT-Abteilung entlässt … DHL macht sich einen schlanken Fuß bei der IT und will uns dann zwingen, ihre schrottige Software zu installieren.

▶ Das Greenwashing des Gilb

Der Zwang zur Nutzung von Smartphone und Post & DHL App an den Packstationen und dazu die unberechtigte Datenübermittlung an Tracking-Firmen allein wären schon eines BigBrother-Awards würdig. Oben drauf aber

Wo Solarpanels drauf sind, steckt noch lange keine Nachhaltigkeit drin. Da kann sich die Deutsche Post DHL noch so eifrig ums Greenwashing bemühen.

gebührt der Deutschen Post DHL auch noch ein Sonderpreis in der Kategorie „Heuchelei".

Die neuen „lean" Packstationen werden allen Ernstes mit Nachhaltigkeit, Umwelt- und Klimaschutz begründet. Ja, Mann – coole Idee, da oben Solarpanels draufzupacken. Auch die Paketzustellung an Packstationen wird als Klimaschutz verkauft, denn wenn die DHL-Fahrzeuge die Pakete gesammelt in den Packstationen ablaichen statt sie zuzustellen, spart DHL natürlich CO_2 ein. Das allerdings verbrauchen dann die Kundinnen und Kunden, die einzeln zur Packstation fahren müssen, um ihr Paket abzuholen[7]. In der Gesamtbilanz für

▶ **DHL […] will uns dann zwingen, ihre schrottige Software zu installieren.** ◀

---

7 Ja, in der Stadt ist die Packstation-Dichte hoch genug, so dass Menschen auch zu Fuß oder per Fahrrad abholen können. Aber auf dem Land wird das Auto die Regel sein.

Links zu allen Quellen unter: digitalcourage.de/jahrbuch24

das Klima wahrscheinlich kein Gewinn. Gewinn aber für die Deutsche Post DHL.

Bei diesem BigBrotherAward geht es um die Tendenz, den schleichenden Druck auf alle Menschen, sich auf Überwachungsstrukturen einzulassen: An einer Stelle wird zwingend ein Log-in verlangt, an einer anderen wird Bargeld nicht mehr akzeptiert, hier wird die Installation einer App gefordert, dort bekomme ich ohne Smartphone keine Informationen zum Service mehr – oder überhaupt keinen Service. Wer sich nicht fügt, dessen Alltag wird immer schwerer gemacht.

Das nennen wir „Digitalzwang".[8]

Warum geben wir jetzt ausgerechnet der Deutschen Post AG DHL einen BigBrotherAward für Digitalzwang?

Gegen Digitalzwang können Verbraucher.innen sich wehren. Digitalcourage hilft gerne dabei! (▶ Seite 80)

8 Siehe Seite 80

▶ Der Abbau der Grundversorgung

Dafür etwas Kontext: Die Post AG hat am 1. Januar 1995 den bis dahin staatlichen Briefdienst übernommen und damit auch die damit einhergehenden Verpflichtungen. Also: Grundversorgung für alle, Zuverlässigkeit, Zustellung auch auf die letzte Hallig.

Tatsächlich war der Briefdienst jahrelang die Cashcow der Post AG, sie hat fettes Plus gemacht. Trotzdem wurde das Porto immer weiter erhöht. Die Vermutung liegt nahe, dass damit die Paketpost quersubventioniert wurde, um mit billigen Paketpreisen die Wettbewerber vom Markt zu verdrängen.[9] [10] Mittlerweile ist die Deutsche Post DHL Group zum weltweit führenden Logistikanbieter gewachsen.

Jetzt, wo der Paketdienst boomt und Briefe vielfach durch E-Mail ersetzt werden, ist der Briefdienst nicht mehr so ertragreich. Als die Post Anfang 2023 bestreikt wurde, drohte die Deutsche Post AG den Streikenden prompt damit, die Briefzustellung noch in diesem Jahr einfach abzustoßen. Und bei Neuverhandlungen dann nur noch mit billigen Subunternehmen zu arbeiten. Eine Post, die keine Briefe mehr zustellt?!

9 Siehe Gutachten Justus Haucap und Christiane Kehler, 1/2016 für BIEK: Unfairer Wettbewerb im Postmarkt. Deutsche Post AG/DHL: Quersubventionierung in den Paketmarkt, Marktbeherrschung und unzureichende Regulierung. Link auf Jahrbuch-Webseite

10 Das sagt der Wettbewerbsrechtler Prof. Haucap. Welt.de, 22.02.2023, Birger Nicolai: Interview mit Prof. Justus Haucap. Link auf Jahrbuch-Webseite

Abgemahntes: BigBrotherAwards 2023

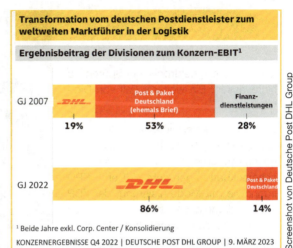

Die Pflichten der Post AG sind im Postgesetz und in der Post-Universaldienstleistungsverordnung festgehalten. Doch diese Pflichten erfüllt die Post AG schon seit Jahren nicht mehr korrekt. Wegen langer Laufzeiten und schlechter Qualität der Briefzustellung und der mangelnden Versorgung mit Postfilialen, speziell auf dem Land, gibt es eine ständig steigende Zahl von Beschwerden bei der Bundesnetzagentur.[11]

Die Deutsche Post AG DHL bemüht sich nun keineswegs, diese Mängel zu beheben. Sondern sie will die Mängel wegdefinieren und sich der Pflichten entledigen: Sie verlangt Änderungen im Postgesetz und in der Post-Universaldienstleistungsverordnung. Das Ziel: Die verlängerte Laufzeit für Briefe wird einfach legalisiert. Wenn die Briefe doch am nächsten Tag ankommen sollen, sollen wir in Zukunft erhöhtes Porto zahlen. Die Aufgaben der Postfilialen sollen zukünftig durch weitere Automaten, sogenannte Poststationen erfüllt werden können – das sind aufgemotzte Packstationen, die dann auch Briefdienste anbieten.

„Transformation" oder Abschied von der Grundversorgung? Der Post wird das Briefgeschäft lästig.

▶ **Das Ziel: Die verlängerte Laufzeit für Briefe wird einfach legalisiert.** ◀

Diese „Poststationen" sind nicht barrierefrei[12]: Die Fächer sind für Kinder, Kleinwüchsige und Rollstuhlfahrer.innen nicht erreichbar, die Bedienung ist für Blinde schwierig. Für alle, die Hilfe oder Beratung brauchen, gibt es anders als in den Filialen keinen Menschen mehr vor Ort. Und schließlich werden die Poststation-Automaten kein Bargeld mehr annehmen. Also können Sie in Zukunft keine Briefmarke mehr

---

11 Golem.de, 16.12.2022: Bundeswirtschaftsministerium: Briefzustellung an Packstationen könnte möglich werden. Zitat: „In diesem Jahr zählte die Bundesnetzagentur schon mehr als 37.000 Beschwerden über die Brief- und Paketdienste, mehr als doppelt so viele wie im Vorjahr. Ein Großteil der Reklamationen bezieht sich auf die Briefzustellung der Post." Link auf Jahrbuch-Webseite

12 Die fehlende Barrierefreiheit kritisiert auch der Sozialverband VdK. Siehe Logistik-Watchblog. de, 3.2.2023: Nicht barrierefrei: Sozialverband kritisiert Postautomaten. Link auf Jahrbuch-Webseite

Abgemahntes: BigBrotherAwards 2023

kaufen, ohne elektronische Spuren zu hinterlassen. Ein weiterer Fall von Digitalzwang.

Der derzeit regierenden Ampelkoalition hat die Post AG die Idee für die Postgesetz-Änderungen jeweils passend schmackhaft gemacht. Der SPD irgendwie mit Modernisierung, der FDP mit Förderung des Wettbewerbs und den Grünen mit dem Klimaschutz. Es steht zu befürchten, dass das Postgesetz noch 2023 im Sinne der Gewinnvermehrung der Deutschen Post DHL Group geändert wird.

Es muss auch künftig für Menschen ohne Smartphone möglich sein, Pakete zu empfangen.
Pressefoto, (c) Deutsche Post DHL Group

Warnung an die Bundestagsabgeordneten, Bundesnetzagentur und die Klima-Engagierten im Wirtschaftsministerium: Lassen Sie sich nicht einwickeln! Und stoppen Sie den Umbau der Packstationen zu solchen mit Smartphone- und App-Zwang. Bisher gibt es erst etwa 2.000 neue, aber noch rund 10.000 alte Packstationen, die weiterhin mit Kundenkarte und PIN funktionieren könnten, wenn die Post es denn zuließe. Es ist also nicht zu spät.

Es geht nicht um einen einzelnen Tracker. Sondern es geht um ein ganzes Universum von Dauerüberwachung. Es geht hier auch nicht um irgendeinen Spielkram, den es nur per Smartphone gäbe. Sondern es geht um etwas so Grundlegendes wie an ein Paket zu kommen, das an mich geschickt wurde. Es geht nicht um die Kosten einer einzelnen Briefmarke. Sondern um die rücksichtslose Haltung, Gewinne zu privatisieren und die Verpflichtungen auf die Allgemeinheit abzuwälzen. Und schließlich geht es um die Tendenz, Menschen bei jeder alltäglichen Handlung der Überall-und-nebenbei-Überwachung auszuliefern.

▶ **Es geht nicht um einen einzelnen Tracker. Sondern es geht um ein ganzes Universum von Dauerüberwachung.** ◀

▶ Liebe Deutsche Post AG DHL – die Benachrichtigung über Ihren BigBrotherAward ist Ihnen zugegangen. Nein, der BigBrotherAward wird Ihnen nicht zugestellt – Sie müssen ihn sich schon abholen. Das geht auch ohne App.

Herzlichen Glückwunsch!

Links zu allen Quellen unter: digitalcourage.de/jahrbuch24

Abgemahntes: BigBrotherAwards 2023

Wie es weiter ging

Patrick Wildermann

Kommentare unseres Publikums via Mastodon:

▸ „Bei ‚Konnte nicht zugestellt werden' – Deutsche Post-DHL – hat der Saal getobt … Danke an Digitalcourage!! Es war wieder einmal ein Abend der Extraklasse."

▸ „Der Zwang, das Handy überall für jeden Kleinkram nutzen zu müssen, ist eine Seuche des 21. Jahrhunderts."

▸ „Die Anmeldung für die Packstation ist schlimmer als Bafög und Wohngeld zusammen."

▸ „Post macht einen auf Bahn ... Verspätungen werden einfach wegdefiniert."

▸ „Sehr schön fand ich ja die vorgestellten Aufkleber für Packstationen als Reaktionen auf den Digitalzwang der Post."

Als Antwort der Deutsche Post DHL Group auf den BigBrotherAward erreicht Digitalcourage lediglich eine automatisierte E-Mail. Nicht weiter verwunderlich, für Reaktionsgeschwindigkeit ist das Unternehmen schließlich nicht bekannt. Im Nachklang der Verleihung aber äußert sich ihr Sprecher Stefan Heß gegenüber dem „Stern" (Link über die Jahrbuch-Webseite): „Es ist uns sehr wohl bewusst, dass es auch Kund.innen gibt, für die die Nutzung der App-gesteuerten Packstationen zunächst einmal gewöhnungsbedürftig erscheinen mag", formuliert er mit bemerkenswertem Beschönigungseifer. Und verweist auf „zahlreiche Zustellvarianten".

„Diese Stellungnahme ist in mehrfacher Hinsicht eine Frechheit", findet Laudatorin Rena Tangens. Denn erstens werde mit „gewöhnungsbedürftig" suggeriert, dass die Leute einfach zu dumm seien, es aber irgendwann dann doch kapieren und klein beigeben würden. Zweitens sei der Hinweis auf die vielen Zustellvarianten ein schlechter Scherz. Denn den Link, den Kund.innen benötigen, um sich ein Paket erneut zustellen zu lassen, verstecke DHL auf seiner Website „wie den interstellaren Bebauungsplan in Douglas Adams' ‚Per Anhalter durch die Galaxis'" (Wir erinnern uns: Der befindet sich in einem Keller ohne Licht mit kaputter Treppe, hinter einer Klotür mit der Aufschrift: ‚Vorsicht, bissiger Leopard').

Ein Grund, weshalb Digitalcourage als freundliches Serviceangebot die Seite 🔗neuzustellen.de eingerichtet hat. Auf der lässt sich der Deeplink zum DHL-Formular für die erneute Paketzustellung problemlos finden.

Außerdem haben wir Aufkleber „Keine Lust auf die App?" drucken lassen (ein Renner im Digitalcourage-Shop), der auf 🔗neuzustellen.de hinweist und damit Menschen hilft, die ratlos vor einer Packstation stehen und nicht wissen, wie sie ohne ein Smartphone an ihr Paket kommen sollen. Ein praktischer Hinweisgeber, der auf keiner Packstation fehlten sollte.

Links zu allen Quellen unter: digitalcourage.de/jahrbuch24

Abgemahntes: BigBrotherAwards 2023

> **Achtung Fake!**
> Sabotage an unseren Packstationen
>
>
>
> Packstationen sind mittlerweile, neben unseren Postfilialen, fester Bestandteil unseres Zustellnetzes in Deutschland. Bis Jahresende sollen es landesweit ca. 15.000 werden. Darunter nun auch die neuen Lean-Packstationen, die ganz ohne Display auskommen. Sie werden über das Smartphone bzw. den Handscanner mit Hilfe einer Bluetooth-Verbindung gesteuert.
>
> Leider wurden in der letzten Zeit vermehrt Packstationen, besonders ohne Display, von unbekannten Personen mit Aufklebern beklebt. Diese Aufkleber sehen zwar täuschend echt aus, sind aber nicht von Deutsche Post DHL. Der abgebildete QR-Code führt zu einer Website von Dritten, die nicht von der Deutschen Post DHL betrieben wird.
>
> Sollten Sie auf Zustellung oder privat einer Packstation mit so einem Aufkleber begegnen, bitten wir Sie das unter Angabe der Packstationsnummer oder der Anschrift des Standorts, zu melden!
>
> Kontaktieren Sie hierfür gerne ▇▇▇▇▇▇▇ unseren Ansprechpartner für Packstationen aus der Abteilung 33, oder melden Sie den Fall Ihrer Standortleitung. Um Verwirrung unter unseren Kunden zu vermeiden und sie vor eventuellem Datendiebstahl zu schützen, sind wir bemüht die Aufkleber schnellstmöglich von unseren Packstationen zu entfernen.
>
> **HABEN SIE FRAGEN ODER HABEN SIE EINEN AUFKLEBER ENTDECKT? SCHREIBEN SIE MICH GERNE AN!**

Screenshot: interne App für DHL-Mitarbeiter.innen

Was die DHL Group allerdings anders sieht.

Das Unternehmen hat als Reaktion zwischenzeitlich die Link-Adresse für das Neuzustellungs-Formular geändert und die URL für Verbindungen gesperrt, die von einer auswärtigen Domain kommen. Darüber hinaus wurden die DHL-Ausfahrer.innen angewiesen (so haben es uns Digitalcourage-Fans unter den Post-Mitarbeitenden zugetragen), die Aufkleber „unter Angabe der Packstationsnummer oder der Anschrift des Standorts zu melden!" Angeblich, um Kunden „vor eventuellem Datendiebstahl" durch eine „Webseite von Dritten" zu schützen. Ein Treppenwitz: Schließlich bewahrt 🔗neuzustellen.de davor, sich eine DHL-App herunterladen zu müssen, die massenhaft Daten an Tracking-Firmen weitergibt, wie Rena Tangens in ihrer Laudatio ausgeführt hat.

Man könnte diese Vorgänge als weitere Posse der Post abtun, wäre der Hinter-

> Für die einen ist es Sabotage, für die anderen Verbraucherschutz in Aktion. Die Sichtweisen von DHL und Digitalcourage sind wohl nicht mehr in Einklang zu bringen.

grund nicht so ernst: Ein Unternehmen versucht, Digitalzwang auszuüben – und sich gleichzeitig den eigenen Pflichten als Grundversorger zu entziehen. Was man auch daran sieht, dass die Deutsche „Post DHL Group" seit dem 1. Juli 2023 nur noch als „DHL Group" firmiert. „Klar, sie wollen den Briefdienst loswerden", erklärt Rena Tangens. Und beschreibt die Strategie des Unternehmens:

„Gegenüber dem Bundesdatenschutzbeauftragten argumentiert DHL, ihre nur noch per App zu bedienenden neuen Packstationen seien nicht Teil der Grundversorgung, denn niemand sei darauf angewiesen – schließlich gäbe es die Möglichkeit der Neuzustellung. Gleichzeitig will das Unternehmen nicht,

Links zu allen Quellen unter: digitalcourage.de/jahrbuch24

Abgemahntes: BigBrotherAwards 2023

Foto: Matthias Hornung, cc by 4.0

▶ **Erhältlich im Digitalcourage-Shop Aufkleber: Neuzustellen.de**

2,50 Euro / 5 Stück, inklusive 7 % USt. zzgl. Versand

▶ **shop.digitalcourage.de**

dass eben dieser Service der Neuzustellung tatsächlich genutzt wird." Denn der verursacht DHL ja Kosten – weswegen beispielsweise auf den Benachrichtigungskarten für (angeblich) verpasste Pakete der Hinweis auf die Neuzustellungsoption lange fehlte. Mittlerweile gibt es ihn wieder – zumindest manchmal in bestimmten Regionen Deutschlands. Allerdings ohne jede Erläuterung, wie genau dabei vorzugehen ist.

Das Thema Digitalzwang spricht offenbar sehr viele Menschen an, und so hat unser BBA an die Deutsche Post DHL eine beachtliche Resonanz erfahren. Unter dem Titel „Raus bist du" hat der Autor und Journalist Heribert Prantl in der Süddeutschen Zeitung vom 6. Mai 2023 die Frage nach einem Recht auf analoges Leben aufgegriffen und fordert die Aufnahme ins Grundgesetz. Dabei verweist er unter anderem auf 🔗digitalzwangmelder.de. „Der Verein Digitalcourage ist sehr technikaffin", schreibt Prantl. „Er wehrt sich aber dagegen, dass ‚die Demokratie verdatet' wird. Das gute digitale Leben schließe die Wahlfreiheit und das Analoge mit ein." Etliche zustimmende Kommentare und Leserbriefe erreichten die SZ daraufhin. Auch von durchaus Smartphone-affinen Menschen, die aber beispielsweise beklagen, dass viele Apps nur funktionierten, „wenn man auf seinem Gerät Google-Play-Dienste aktiviert – eine proprietäre, nicht quell-offene und daher nicht überprüfbare Software."

Prantls Text hat nicht zuletzt dazu geführt, dass wir uns bei Digitalcourage über eine Reihe neuer Vereinsmitglieder freuen dürfen. (▶ Seite 10)

Auch der Journalist Heribert Prantl plädiert für ein Recht auf analoges Leben.

Foto: Matthias Hornung, cc by 4.0

Links zu allen Quellen unter: digitalcourage.de/jahrbuch24

Abgemahntes: BigBrotherAwards 2023

Ende Juni 2023 war Rena Tangens darüber hinaus zu einem Verbändegespräch im Bundesministerium für Umwelt, Naturschutz, nukleare Sicherheit und Verbraucherschutz (BMUV) eingeladen, wo verschiedene NGOs ihre Anliegen im Bereich „Digitales und Verbraucherrechte" vortragen konnten. Rena Tangens' Plädoyer, dass auch Menschen, die sich aus verschiedenen Gründen kein Smartphone leisten können oder wollen, ein Recht darauf haben, Pakete zugestellt zu bekommen oder Bahn zu fahren, fand dort Gehör. Bundesministerin Steffi Lemke erklärte, das Thema Digitalzwang sei einer von fünf bedenkenswerten Punkten, die sie aus dieser Veranstaltung mitnehmen würde. Kurz nach dem Gespräch wurde Digitalcourage von einem Mitarbeiter des BMUV dazu aufgefordert, sich bei der anstehenden Novelle des Postgesetzes einzubringen. „Daran können wir sehen, wie ernst das Thema genommen wird", so Rena Tangens: „Ich denke, es ist klar geworden, dass wir für unsere Grundversorgung, für die Teilnahme am Alltag und am kulturellen Leben – auch ohne Smartphone und Internet – streiten müssen. Wir forden das Recht auf analoges Leben. Denn das beinhaltet auch das Recht, sich nicht für jeden Schnickschnack der Dauerüberwachung durch einen kleinen Taschenspion auszusetzen."

Bewerben Sie sich für ein Praktikum!

Wir suchen laufend Praktikant.innen, die Lust haben, eine freundliche politische Organisation wie Digitalcourage kennenzulernen. Wir bieten inhaltliche Arbeit, viele praktische Aufgaben, z.B. bei der Organisation von Großveranstaltungen oder bei der Websitepflege. Bitte nehmen Sie sich dafür drei Monate Zeit!
▶ bewerbung@digitalcourage.de

Links zu allen Quellen unter: digitalcourage.de/jahrbuch24

Aktivierendes 159

Unser Admin Philip Steller präsentiert stolz „Katie the Cat", einen Lötbausatz für Anfänger.innen, beim FediCamp im Wendland 2023

Digitale Selbstverteidigung
Wie Sie Ihre Computer, Smartphones, E-Mails und Daten schützen können

Hinter den nächsten Seiten steht ein ganzes Team: Unsere Arbeitsgruppe „Digitale Selbstverteidigung". Die Mitglieder dieser AG kennen sich technisch gut aus, sie haben ihre Augen und Ohren überall, wo neue Entwicklungen präsentiert werden, und bohren nach, welche Einflüsse auf Privatsphäre und Überwachungsthemen im Anmarsch sind. Sie testen, probieren, zweifeln und diskutieren im Team, welche Konsequenzen eine neue Entwicklung hat. Und sie geben ihr Wissen und ihre Hinweise regelmäßig weiter: in Vorträgen auf Kongressen und Messen, auf unserer Internetseite, im jährlichen Digitalcourage-Online-Adventskalender, auf CryptoParties, in einem Flyer oder (mit einer sehr kleinen Auswahl) auch hier im Jahrbuch.

Möchten Sie sich selbst gegen Überwachung schützen, Ihre technischen Geräte selbst kontrollieren und besser verstehen? Krempeln Sie die Ärmel hoch: Auf den kommenden Seiten gibt es viel zu tun!

Sie möchten mit uns tüfteln? Unser Team kann kundige – insbesondere weibliche – Verstärkung gebrauchen. Melden Sie sich gern!

▶ **Hinweis:**

Hundertprozentige Sicherheit gibt es nicht, auch nicht durch unsere Empfehlungen. Programme können unentdeckte Fehler haben und Datenschnüffeltechniken entwickeln sich weiter. Bleiben Sie wachsam! Die folgenden Texte sind auch über unsere Jahrbuch-Webseite (Siehe unten) zu erreichen. Dort sind sie mit Links versehen und unter Umständen aktualisiert.

Sollten Sie Fehler finden, Ergänzungen haben, oder sollten Empfehlungen bei Ihnen nicht funktionieren, geben Sie uns bitte Bescheid.

Erhältlich im Digitalcourage-Shop!
Folder: Digitale Selbstverteidigung

Internet-Überwachung: Kleine Anleitung zur digitalen Selbstverteidigung

2,50 EUR / 25er-Bündel inkl. 7% USt. zzgl. Versand

▶ shop.digitalcourage.de

Links und weitere Infos: digitalcourage.de/jahrbuch24

Nuudel: Termine finden, kleine Abstimmungen organisieren

Leena Simon

Ob Videokonferenz im Homeoffice oder das nächste Gruppentreffen im Park: Immer wieder muss man sich auf einen Termin einigen. Aber deswegen x-mal hin und her telefonieren? Vielleicht hätten Sie gern schnell und unkompliziert ein Meinungsbild zu einer inhaltlichen Frage oder planen eine komplexere Umfrage? Zum Glück brauchen Sie Ihre Daten nicht irgendwelchen zwielichtigen Firmen anzuvertrauen, denn Digitalcourage betreibt ein eigenes Abstimmungswerkzeug, das besonders datensparsam arbeitet: nuudel.de. Für Terminvereinbarungen und Abstimmungen bietet es alles, was Sie brauchen.

▸ funktioniert auch im Tor-Netzwerk

▸ löscht automatisch nach dem Ende der Umfrage sämtliche Daten

▸ die Nutzung von Nuudel ist kostenfrei

So geht's: Gehen Sie auf nuudel.de und wählen Sie zwischen Terminumfrage und Ja–nein–vielleicht-Umfrage. Alles Weitere erklärt sich von selbst.

Nuudel wird intensiv genutzt – von Privatpersonen, Stadtverwaltungen, Universitäten, großen Firmen bis zum kleinen Ruderverein. Im Herbst 2023 waren 380.000 Umfragen gleichzeitig aktiv.

▸ Nuudel

Nuudel basiert auf der Software Framadate, wird von Digitalcourage betrieben und ist äußerst datensparsam: Gespeichert wird nur, was Sie speichern wollen.

▸ betrieben von Digitalcourage

▸ trackt nicht

▸ datenschutzfreundlich

▸ auch mit Auftragsdatenverarbeitungsvertrag

Falls Sie einen AVV (Auftragsdatenverarbeitungsvertrag) benötigen, können Sie diesen bei uns herunterladen. digitalcourage.de/avv-nuudel

Die Nutzung von Nuudel kostet Sie nichts. Digitalcourage freut sich sehr, wenn Sie unsere Arbeit durch eine Fördermitgliedschaft unterstützen.
digitalcourage.de/mitglied

So werden Sie digital mündig

Leena Simon

In ihrem Buch „Digitale Mündigkeit" (▶ Seite 72) empfiehlt Leena Simon, sich der Verantwortung für die eigenen Geräte zu stellen. Auf ihrer Website 🔗 muendigkeit.digital hat sie eine Ultrakurz-Liste mit den wichtigsten Maßnahmen veröffentlicht. Wieviele Punkte können Sie schon abhaken?

☐ Hinterfragen Sie Ihre digitalen Handlungen. Wenn ich das jetzt mache, wer hat außer mir einen Nutzen davon? Wer könnte Schaden nehmen?

☐ Versuchen Sie Computerprobleme immer erst alleine zu lösen. Bitten Sie andere erst um Hilfe, wenn Sie es mindestens 30 Minuten lang erfolglos (mit Hilfe von Suchmaschinen) versucht haben. Lassen Sie sich auch dann nicht das Gerät / die Tastatur / die Maus aus der Hand nehmen.

☐ Behalten Sie die Kontrolle über Ihre Daten. Speichern Sie auf eigenen Datenträgern, Ihrer Festplatte oder Ihrem Heimserver statt in der Cloud.

☐ Akzeptieren Sie keine AGB unbesehen. Prüfen Sie wenigstens stichprobenartig auf Länge und Verständlichkeit. Anhand dieser beiden Kriterien lässt sich schnell feststellen, mit welcher Intention sie verfasst wurden.

☐ Geben Sie Ihre Daten (und die Ihrer Bekannten) nicht unhinterfragt heraus. Warum braucht die Schlittschuhbahn Namen und Adresse?

☐ Hinterfragen Sie kostenlose Dienste. Machen Sie sich bewusst, dass Sie meist mit Ihren Daten und Ihrer Freiheit bezahlen. Nicht alle kostenlosen Dienste sind grundsätzlich „böse" (Freie Software zum Beispiel). Hinterfragen Sie die Intention.

☐ Kennen Sie die Grundrechte? Setzen Sie sich damit auseinander und frischen Sie Ihr Wissen auf.

☐ Nutzen Sie Freie Software: Linux (▶ Seite 175) statt Apple oder Windows, LibreOffice statt Microsoft Office, Firefox statt Internet Explorer oder Chrome, Thunderbird statt Outlook. Auch Freie Software ist nicht immer sicher und verlässlich. Doch der Code ist für alle frei verfügbar, und so werden Fehler schneller ausfindig gemacht.

☐ Verschlüsseln Sie Ihre E-Mails, Messengerkommunikation und Datenträger. (▶ Seite 168)

☐ Konfigurieren Sie ihren Browser so, dass Dienste nicht mehr hinterherschnüffeln können: Installieren Sie

Links und weitere Infos: digitalcourage.de/jahrbuch24

Aktivierendes

- dazu Add-ons, die Werbung und Tracking blockieren. Ändern Sie die Standardsuchmaschine und blockieren Sie (mindestens) Cookies von Drittanbietern.
- Seien Sie kritisch mit Facebook, Instagram und WhatsApp etc. Auch hierfür gibt es freie Alternativen.
- Nutzen Sie Alternativen zu Google: Startpage.com oder Metager.de sind auch gute Suchmaschinen. Statt Google Maps gibt es Openstreetmap und statt Play-Store gibt es F-Droid.
- Wirken Sie in die Gesellschaft hinein. Sprechen Sie mit Freunden, Arbeitskolleginnen und Nachbarn.
- Verbreiten Sie keine Fakes oder Verschwörungstheorien. Fragen Sie nach Quellen, prüfen Sie sie kritisch. Teilen Sie keine Grafiken oder Nachrichten, die keine Quelle enthalten.
- Prüfen Sie Informationen, z.B. mit einer Rückwärtsbildersuche oder mit Hilfe der Hoaxmap oder dem Faktencheck von Correctiv.
- Seien Sie besonders bei Berichterstattung zu dramatischen oder sensationellen Ereignissen geduldig und halten Sie sich mit vorschnellen Schlüssen zurück. Recherche braucht Zeit.
- Ihre Passwörter dürfen nur Sie kennen. Auch die Liebsten brauchen diese nicht zu wissen.
- Behalten Sie die Kontrolle über Ihre Geräte und Benutzerkonten.
- Bedenken Sie immer, dass es eine Information geben könnte, die Sie zwar nicht haben, die Sie aber zu einem anderen Urteil kommen ließe. Beißen Sie sich nicht grundlos an einem Standpunkt fest. Seien Sie bereit, Ihre Meinung zu ändern, wenn neue Beweise auftauchen.
- Denken Sie an Back-ups. Sichern Sie Ihre Daten und Passwörter an einem geschützten Ort und halten Sie diese auf Stand.
- Teilen Sie keine Accounts z.B. von E-Mail-Adressen. Ändern Sie Gerätepasswörter, falls Sie gebrauchte Geräte übernehmen (wie Apple-ID oder Google-Konto).
- Sichern Sie Ihre Geräte mit gesonderten Passwörtern.
- Machen Sie sich Ihre Verantwortung bei jeder Kommunikationshandlung bewusst und tragen Sie sie mit Fassung.
- Seien Sie vor allem vorsichtig und kritisch: Hundertprozentige Sicherheit wird es nie geben.

Links und weitere Infos: digitalcourage.de/jahrbuch24

Datenschutzbeschwerden richtig einreichen

Auszüge aus unserem kurz&mündig-Minibuch zu diesem Thema (siehe Anzeige rechts)

Machen wir uns nichts vor: Datenschutz wird oft verletzt und Verstöße dagegen werden zu selten geahndet. Die europäische Datenschutzgrundverordnung DSGVO bietet viele Rechte, die Privatsphäre zu schützen. Doch Einzelpersonen verzichten häufig darauf, ihr „Recht auf informationelle Selbstbestimmung" durchzusetzen. Dabei ist das gar nicht so schwer.

Für Ihre Rechte einzutreten ist kein Hexenwerk. Das erledigen eigentlich die Datenschutzbeauftragten der Firmen, bei Konflikten die Landes- und Bundesbehörden für Sie. Dafür brauchen die Behörden ein paar Angaben von Ihnen.

Welche Rechte habe ich?

Deutschland und die Mitgliedsstaaten der Europäischen Union (EU) sind demokratische Rechtsstaaten, die Grundrechte gewährleisten. Damit haben Sie ein garantiertes Recht auf Datenschutz (Artikel 8 der europäischen Grundrechte-Charta). Zusätzlich gewährt die europäische Datenschutz-Grundverordnung (DSGVO) viele Betroffenenrechte:

- Recht auf **Auskunft**, welche Daten von Ihnen gespeichert wurden (Art. 15)
- Recht auf **Löschung** bzw. „Vergessenwerden" (Art. 17)
- Recht auf Daten**berichtigung** (Art. 16)
- Recht auf Daten**sperrung** oder, wie es in Art. 18 heißt, „auf Einschränkung der Verarbeitung"
- Recht auf **Information** über Datenverarbeitung (Art. 13, 14)
- Recht auf **Widerspruch** der Datenverarbeitung (Art. 21)
- Anspruch auf **Entschädigung** (materiell oder immateriell (Art. 82)

Zivilrechtlich bestehen außerdem Ansprüche auf **Unterlassung** und **Beseitigung** von unzulässigen informationellen Angriffen (§ 823 mit § 1004 BGB).

Um das alles durchzusetzen, garantiert die DSGVO Ihnen:

- Recht auf **Beschwerde** bei einer Aufsichtsbehörde (Art. 77)
- Recht auf wirksamen gerichtlichen **Rechtsschutz** (Art. 79)
- Recht auf wirksamen gerichtlichen **Rechtsbehelf** gegen eine Aufsichtsbehörde (Art. 78)

Es ist normal, dass in einem freiheitlichen Staat Gesetze nicht zu 100 Prozent durchgesetzt werden können – Gesetze werden nun mal gebrochen. Und eine totale Durchsetzung von Gesetzen würde eine totale Kontrolle nötig

Links und weitere Infos: digitalcourage.de/jahrbuch24

Aktivierendes

machen. Deshalb ist es wichtig, dass Sie Verstöße melden, Ihre Rechte kennen und von ihnen aktiv Gebrauch machen.

Erster Schritt: Gespräch suchen

Zuallererst sollten Sie immer die Person oder Institution, die den Datenschutz verletzt, direkt ansprechen. Vieles lässt sich freundlich im Gespräch klären und schnell beheben.

Wie finde ich meine dortige Ansprechperson? Institutionen müssen Datenschutzbeauftragte benennen und öffentlich bekannt geben, z.B. im Impressum oder unter „Datenschutz" auf der Website.

Fehler passieren. Erst wenn es keine Einsicht oder Reaktion gibt, sollten Sie sich an eine Datenschutz-Aufsichtsbehörde wenden.

Tipps für das weitere Verfahren: Sie brauchen die Fakten: Welche Daten werden für welchen Zweck und auf welcher Rechtsgrundlage verarbeitet? Das können Sie formlos schriftlich bei der Firma oder Institution erfragen, um die es geht (Art. 15 DSGVO). Eine Auskunftsanfrage müssen Sie nicht begründen. Es ist aber hilfreich, kurz zu erklären, warum Sie danach fragen. Sparen Sie nicht mit Angaben, denn je mehr die Verantwortlichen rätseln oder zurückfragen müssen, desto länger dauert es. Musterschreiben finden Sie im Internet.

Für alle Anfragen wichtig: Fristen setzen! Setzen Sie immer eine Frist für

Erhältlich im Digitalcourage-Shop!
Datenschutzbeschwerden richtig einreichen

Band 19 der Reihe „kurz&mündig"
DIN A 6, 28 Seiten geheftet
ISBN 978-3934636-50-7
Preis: 5,00 € inkl. 7% USt. inkl. Versand

▶ **shop.digitalcourage.de**

eine Antwort und haken Sie nach, sobald das Datum abgelaufen ist. In der Regel müssen Anfragen „unverzüglich" bearbeitet werden (nicht näher definiert), aber maximal innerhalb von 3 Monaten.

Nicht ausbremsen lassen! Wenn Sie hinhaltende, unbestimmte Antworten bekommen („Wir bitten um Geduld" oder „Wir erheben alle Daten, die für unsere Prozesse nötig sind"), dann verstößt das gegen Artikel 15 DSGVO und kann von Aufsichtsbehörden sanktioniert werden.

Wie Sie die richtigen Ansprechpartner.innen bei Behörden finden, was Sie beim Einreichen von Beschwerden beachten müssen und wie das weitere Verfahren abläuft, können Sie im Band 19 der kurz&mündig-Reihe nachlesen.

Links und weitere Infos: digitalcourage.de/jahrbuch24

Für E-Mails einen sicheren Anbieter finden

Zu E-Mail-Diensten, die Ihre Nachrichten verschlüsselt durchs Netz schicken, hat unsere AG Digitale Selbstverteidigung eine E-Mail vorbereitet, die Sie an Freundinnen und Freunde verschicken könnten:

Betreff	Für E-Mails einen sicheren Anbieter finden

	Editor Typ	Nur-Text	Priorität	Normal	☐ Empfangsbestätigung (MDN)	☐ Übermittlungsbestätigung (DSN)	Nachricht

Liebe.r ...,

nerven Dich die andauernde Werbung und die blinkenden Anzeigen in Deinem E-Mail Postfach? Mich stören diese Zeitfresser ja ziemlich. Mich stört auch, dass meine Post bei web.de, GMX, Yahoo und Gmail (Google) nicht vor automatischer Auswertung sicher ist. Und meine Daten geben sie auch noch weiter. Ich fände es gut, wenn wir uns über Anbieter schreiben, die sich mehr Gedanken um Privatsphäre und Datenschutz machen.

Gmail durchsucht beispielsweise automatisiert sämtliche E-Mails, benutzt die Daten für individualisiertes Marketing (inhaltlich passende Werbung) und gibt die Daten im Zweifelsfall auch weiter. Brisant ist, dass Gmail auch Inhalte von Mails durchstöbert, die von anderen Postfachdiensten abgeschickt wurden. Damit bin nicht nur ich als Gmail-Nutzerin betroffen, sondern auch Du mit Deiner Adresse bei einem anderen Anbieter. Und GMX gewann schon im Jahr 2000 einen BigBrother-Award.

Welche Postfächer haben's drauf?

Anbieter wie Posteo und mailbox.org bieten werbefreie und datenschutzfreundliche Postfächer. Sie können anonym eingerichtet werden und die Server werden mit Öko-Strom betrieben. In jedem Fall solltest Du die Nutzungsbedingungen genau lesen und bei Unklarheit nachfragen. Die Daten werden beim Transport durchs Internet verschlüsselt. Eine Ende-zu-Ende-Verschlüsselung (▶ Seite 168) sollte man zusätzlich vornehmen. Ein weiteres Qualitätsmerkmal sind die Transparenzberichte, die einige Anbieter veröffentlichen. Auch hier sind posteo.de und mailbox.org vorbildlich.

Liebe Grüße
Dein.e ...

PS: Nein, das ist keine Werbe-Mail, Digitalcourage bekommt dafür kein Geld von den oben genannten Anbietern.

Links und weitere Infos: digitalcourage.de/jahrbuch24

Aktivierendes

Mailinglisten – Verteiler – eigene Newsletter

Ihr Schachclub oder Chor möchte auch außerhalb der Turniere in Verbindung bleiben? Sie planen eine Reise mit einer ganzen Gruppe und wollen die Tour gemeinsam vorbereiten? Oder Sie möchten einen eigenen Newsletter anbieten?

Oft wollen wir viele Menschen auf einmal anschreiben. Oder würden ihnen gerne ermöglichen, in der Gruppe miteinander zu kommunizieren.

Jede und jeder von uns hat wahrscheinlich schon mal auf die Schnelle mehrere Mailadressen als Empfänger im cc: oder bcc: einer Mail angegeben. Bei „cc:" (carbon copy) sind die anderen Empfangsadressen sichtbar. Es können also alle sehen, wer noch angeschrieben wurde. Das mag manchmal erwünscht sein. Doch oft geben Sie damit auch Mailadressen preis, die nicht verbreitet werden sollen. Bei „bcc:" (blind carbon copy) sind die anderen Adressen unsichtbar. Doch wenn dann viele Nachrichten hin und her gehen, wird es umständlich und auch fehleranfällig, das jedes Mal extra auszuwählen und einzustellen.

Die einfache Lösung ist eine eigene Mailingliste. Dann müssen Sie nur noch an eine Mailadresse – nämlich an die Listen-Mailadresse – schreiben und schon wird diese Mail an alle Mitglieder der Liste verteilt.

Wo bekomme ich datenschutzfreundliche Mailinglisten?
▸ Sie können Ihren eigenen Internet-Provider fragen, ob er Mailinglisten anbietet.
▸ Die Mail-Provider Posteo.de und Mailbox.org bieten Mailinglisten an.
▸ Der Provider jpberlin.de (der zu Mailbox.org gehört) ist sogar spezialisiert auf Mailinglisten.

Was es alles gibt:
▸ unmoderierte Listen, in denen diskutiert werden kann (alle können schreiben; alle Nachrichten, die ein Mitglied der Gruppe an die Liste schickt, werden verteilt)
▸ moderierte Listen (alle können schreiben, aber Nachrichten müssen erst geprüft werden, bevor sie an alle verteilt werden)
▸ Newsletter-Verteiler (nur eine Person oder Organisation versendet Nachrichten an Interessierte)
▸ offene Gruppen, in denen Leute sich selbst ein- oder austragen können
▸ geschlossene Gruppen, bei denen nur die Moderation Leute eintragen kann

Listen sind flexibel: Sie können 50, 5.000, 50.000 oder noch mehr Teilnehmer.innen haben.

Links und weitere Infos: digitalcourage.de/jahrbuch24

Warum Sie Ihre E-Mails verschlüsseln sollten

Leena Simon, Jan Schötteldreier, Christian Widmann

E-Mails werden herkömmlich im Klartext versendet. Wie bei einer Postkarte ist der Inhalt der E-Mail damit grundsätzlich für alle lesbar, die diese in die Finger bekommen.

Auch wenn vermeintlich nichts Interessantes in Ihren E-Mails steht, können Sie nicht wissen, ob Sie nicht doch eines Tages zum Ziel eines Angriffs auf Ihre Privatsphäre werden. Falls Sie meinen, Sie hätten nichts zu verbergen, sollten Sie die zehn Argumente gegen diesen gefährlichen Mythos in unserem kurz&mündig-Büchlein „Nichts zu verbergen" lesen. Neben persönlichen Informationen sind Ihre E-Mails auch deshalb von zentraler Bedeutung, weil man damit die Passwörter fast aller Accounts zurücksetzen kann.

Außerdem stärken Sie das „Prinzip Verschlüsselung", indem Sie sie nutzen. Je mehr Menschen ihre Kommunikation verschlüsseln, desto geringer ist die Gefahr, dass schon das Verschlüsseln selbst zum Verdachtsfall wird.

Am besten verschlüsseln Sie Ihre Nachrichten „Ende-zu-Ende". Das heißt, dass nur Absender und Empfängerin den Inhalt der Nachricht lesen können.

Wie bei E-Mails verschlüsselt wird

Grundsätzlich kann bei E-Mails zwischen drei Formen der Verschlüsselung unterschieden werden: Transportverschlüsselung, Postfachverschlüsselung und Ende-zu-Ende-Verschlüsselung.

Die Transportverschlüsselung ist (fast) überall im Einsatz und stellt lediglich sicher, dass die E-Mail auf dem Weg von Ihrem Endgerät zum Server Ihres E-Mail-Anbieters verschlüsselt wird. Wäre Ihre E-Mail eine Postkarte, dann würde Transportverschlüsselung bedeuten, dass die Postkarte vor fremdem Zugriff geschützt ist, so lange sie sich im Postauto oder Postfahrrad befindet. Dieser Schutz besteht aber nicht auf den Zwischenstationen (dem Verteilzentrum etc.) oder am Ziel (Ihrem Briefkasten).

Die Postfachverschlüsselung, die manche E-Mail-Provider anbieten, stellt lediglich sicher, dass die E-Mails auf dem Server Ihres E-Mail-Anbieters verschlüsselt gespeichert werden. Das

> „Ich habe mich einfach drangesetzt und für alles zusammen ca. eine Stunde gebraucht. Es ist wirklich kein Hexenwerk, und dank des Artikels auf digitalcourage.de/pgp geht es ruckzuck."
>
> Sophie Uteß, Versicherungsmaklerin

Links und weitere Infos: digitalcourage.de/jahrbuch24

Aktivierendes

bedeutet: Die Postkarte liegt nach der Zustellung in einem gut gesicherten Briefkasten. Ob sie auf dem Weg dorthin gelesen oder verändert wurde, können Sie nicht wissen.

Mit diesen beiden Verschlüsselungstechniken ist der Inhalt der E-Mail also immer noch nicht durchgängig geschützt. Daher ist es am besten, Sie packen die Postkarte in einen Briefumschlag. Dies entspricht der Ende-zu-Ende-Verschlüsselung, die bewirkt, dass die gesamte Transportkette von Ihrem Endgerät über die Webserver der E-Mail-Anbieter bis zum Endgerät Ihres Kommunikationspartners gesichert ist. Wir erklären hier das Verfahren OpenPGP, denn die Alternative S/MIME ist bei der Zertifizierung recht kompliziert. Leider sind die beiden Verfahren nicht miteinander kompatibel.

E-Mails auf- und zuschließen

OpenPGP verwendet einen öffentlichen Schlüssel („public key") und einen privaten Schlüssel („private key"). Beide zusammen bilden ein Schlüsselpaar. Zum besseren Verständnis nennen wir den öffentlichen Schlüssel öffentliches Schloss. Stellen Sie sich dieses wie ein Vorhängeschloss vor, mit dem Sie ein Kästchen verschließen können.

Das öffentliche Schloss können Sie jedermann offen in die Hand geben. Eine andere Person kann nun einen Brief schreiben, ihn in ein Kästchen legen und dieses mit Ihrem öffentlichen Schloss verschließen. Danach können nur noch Sie das Schloss öffnen, denn nur Sie haben den privaten Schlüssel dafür.

Auf Schlüsselservern können solche „Vorhängeschlösser" in großen Mengen abgelegt werden. Wenn jemand Ihnen schreiben möchte, holt sich diese Person dort Ihr Schloss. Da die E-Mail-Adressen auf dem Schloss eingraviert und die Schlösser ordentlich verwahrt sind, kann Ihr öffentliches Schloss dort gefunden werden.

Leider heißen das öffentliche Schloss und der private Schlüssel in Verschlüsselungsprogrammen beide einfach „Schlüssel". Aber das wird Sie nicht mehr verwirren. Sie wissen ja nun, dass beide ganz unterschiedliche Funktionen haben.

Öffentliche Schlösser können Sie wie Konfetti unter die Menschen streuen. Aber Ihren privaten Schlüssel – den hüten Sie bitte wie Ihren Augapfel!

Auf digitalcourage.de/pgp finden Sie Schritt-für Schritt-Anleitungen dafür, wie Sie Ihre E-Mails verschlüsseln können. Die Anleitungen dauern nur etwa eine Stunde und sind wirklich nicht schwer zu bedienen.

Außerdem entscheiden Sie sich bitte für einen sicheren E-Mail-Anbieter (▶ Seite 166)

Links und weitere Infos: digitalcourage.de/jahrbuch24

Was ein Link verrät

Leena Simon, Hartmut Goebel, Felix Fehlauer, Sven Thielen

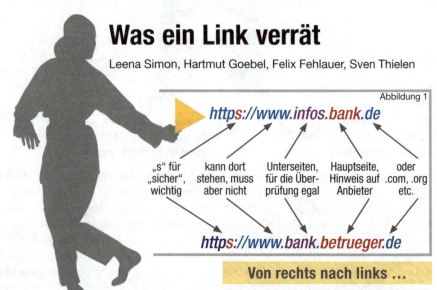

Abbildung 1

Von rechts nach links ...

Jede Seite, jede Datei, jedes Video im Internet ist unter einer bestimmten Adresse zu finden. Diese Adresse nennt man „URL" oder wir sprechen von „Links". Wenn Sie „digitalcourage. de" in Ihren Browser eingeben, ist das eindeutig, übersichtlich, und es steht drin, wohin Sie wollen. Manche Links sind aber auch lang und enthalten viele komische Zeichenketten. Wer diese Zeichenketten ein bisschen besser versteht, bewegt sich selbstbestimmter durchs Netz und erkennt vielleicht auch Betrugsversuche schneller. Darum erklären wir Ihnen, wie ein Link funktioniert.

Schauen wir zuerst auf Abbildung 1. Dort ist beim „https" ganz vorne das „s" wichtig. Es steht für „sicher". Meist müssen Sie das nicht selbst eingeben, „digitalcourage.de" reicht, dann wird die Adresse automatisch auf https://www.digitalcourage.de ergänzt.

Dann schauen wir uns den Link in Abbildung 1 von hinten an, also von rechts nach links. Am Ende dieser Abbildung finden Sie die Top-Level-Domain: .de steht für Deutschland, .org für Organisationen usw. Das sagt erstmal nicht viel aus. Deshalb arbeiten Sie sich von dort nach links vor: Wichtiger ist der Teil vor „.de" (oder „.org", „.com" etc.), in unserem Bildbeispiel also „bank". Das ist die sogenannte Second-Level-Domain. Hier können Sie erkennen, wem die Website gehört. „digitalcourage.de" gehört uns, „bundesregierung.de" der Bundesregierung. Aber aufgepasst: Nur zusammen mit dem „.de", der Top-Level-Domain, ist die Sache eindeutig. Unter „digitalcourage.com" finden Sie womöglich etwas ganz anderes. Betrüger.innen verwenden gerne Links, die dem Original möglichst ähnlich sehen. Beispielsweise „gooogle. com" mit drei o oder „amazon.co" ohne das m am Ende. Einen Schritt weiter nach links: Der Teil „infos" im Bild oben,

Abbildung 2

https://www.google.com/search?q=katzen+bilder&aqs=chrome.1.69i57j0i512j0i131i433i457i512j0i402i512i568j0i402j0i131i433j46i175i199i512j0i433i512i2j0i512.6732j0j7&client=ubuntu&sourceid=chrome&ie=UTF-8

vor dem Anbieter-Namen „bank.de" ist die Third-Level-Domain, davon kann sich bank.de so viele einrichten, wie sie möchte. Ein Betrüger könnte sich als Ihre Bank ausgeben, indem er Ihnen folgende URL unterschiebt: https://www.bank.betrueger.de. Dann ist nicht „Bank", sondern „betrueger.de" das Hauptziel dieser URL. Wenn Sie also sichergehen wollen, dass ein Link korrekt ist, müssen Sie auf den Teil unmittelbar vor dem „.de" achten und sich nicht von dem verwirren lassen, was weiter links steht.

… und weiter nach rechts

Manche Links gehen rechts von der Top-Level-Domain (.de, .org etc.) nach einem Schrägstrich / noch sehr viel weiter. Auch wenn Sie auf einer Startseite auf einen Menüpunkt klicken, verlängert sich ein Link meist nach rechts (Abbildung 2), je tiefer Sie in die Website einsteigen. Als Erstes kommt also ein Schrägstrich /, dann geht es meist in Unterverzeichnisse, die ein Website-Betreiber angelegt hat. Auf tagesschau.de/ausland finden Sie zum Beispiel eine Startseite mit Auslandsberichterstattung der Tagesschau.

Oft folgen weitere Abschnitte, Parameter genannt, die jeweils durch ? oder & voneinander getrennt werden. Häufig verraten diese Parameter eine Menge mehr über Sie. Abbildung 2 zeigt das Ergebnis, als wir bei Google die Suchwörter „Katzen" und „Bilder" eingegeben haben.

Nach dem ersten ? folgen unsere Suchwörter, also q=katzen+bilder. Das ist unverfänglich, denn um diese Suchergebnisse geht es uns ja. Dann folgt ein &. Hier beginnt also ein neuer Parameter. Er verrät uns, dass für die Suche ein chromebasierter Browser verwendet wurde (&aqs=chrome). Und nicht nur das. Die vielen Zahlen dahinter sind ein Hinweis darauf, dass der Browser genauer erfasst wurde und eine eindeutige Kennzahl zugewiesen bekam, über die er später identifizierbar ist. Erst beim nächsten &-Zeichen beginnt der nächste Parameter (&client=ubuntu). Hier sieht man, dass die Google-Suche mit einem Computer ausgeführt wurde, auf dem das Betriebssystem Ubuntu läuft. Auch das ist eine Information, die niemand anderen etwas angeht. Wenn Sie den Link zu Ihren Suchergebnissen also weitergeben möchten, sollten Sie alles hinter „q=katzen+bilder" löschen.

Erst prüfen, dann klicken

Manchmal verbergen sich diese Parameter hinter einem Link, der ganz einfach aussieht, denn das, worauf Sie klicken sollen, kann ganz woan-

Aktivierendes

ders hinführen. Deshalb sollten Sie immer, bevor Sie auf einen Link klicken, gut aufpassen. Wenn sie den Mauszeiger ohne zu klicken (!) auf den Link legen (hovern), erscheint bei vielen Programmen unten links im Fenster ein kleiner Textstreifen mit der Zieladresse (Abbildung 3).

Abbildung 3

Bei Newslettern können Sie von der HTML-Version in die reine Textansicht wechseln – auch dort sehen Sie, wie der Link tatsächlich lautet.

Beim Smartphone können Sie einen Link häufig ansehen, indem Sie ihn lange angetippt halten. Manchmal öffnet sich ein Dialog, in dem ganz oben der Link steht. Leider haben nicht alle Apps diese Funktion. Einen Versuch ist es immerhin wert.

Haben wir Ihr Interesse geweckt? Mehr Hintergrund über Links und einen kleinen Test zum Üben finden Sie auf digitalcourage.de oder über die Jahrbuch-Webseite.

Erhältlich im Digitalcourage-Shop!

Wir haben im Keller unserer Vereinsräume eine kleine Textilmanufaktur eingerichtet, die uns ermöglicht, in kleiner Auflage, aber hoher Qualität, auf Bestellung T-Shirts, Hoodies und weitere Artikel aus Stoff zu bedrucken. Die Produktion in unseren eigenen Räumen gibt uns die Möglichkeit, auch Übergrößen und Spezialanfertigungen anzubieten. Und wir können sicherstellen, dass die verwendeten Rohtextilien von guter Qualität und fair hergestellt sind.

z.B. T-Shirt:
CYBERT EUCH DOCH SELBST!
Preis: 25,00 EUR zzgl. Versand
▶ shop.digitalcourage.de

Links und weitere Infos: digitalcourage.de/jahrbuch24

Souveräne Videokonferenzen: Weg von Zoom!

Videokonferenzen gehören zum Arbeitsalltag vieler Menschen und sind auch in der Freizeit oft nicht mehr wegzudenken. Ob Kinder per Video gemeinsam Hausaufgaben machen oder die neuen Quartalszahlen besprochen werden: **Verwenden Sie weder Microsoft Teams noch Zoom.** Auch Skype gehört zu Microsoft. **Discord** schreibt in der eigenen Datenschutzerklärung, dass alle Chats abgehört und ausgewertet werden.

Webex, Go To Meeting und Lifesize sitzen in den USA und unterliegen damit dem Zugriff der dortigen Geheimdienste. Anbieter mit Firmensitz in den USA sind nämlich per Gesetz verpflichtet, Daten von Nicht-US-Bürger.innen jederzeit an ihre Geheimdienste weiterzugeben – **egal, was sie in ihren Datenschutzbestimmungen versprechen.**

Zoom hat außerdem seine technische Entwicklungsabteilung in China. Es wäre naiv, anzunehmen, dass die chinesische Regierung ihren Einfluss und ihre Zugriffsmöglichkeiten hier nicht nutzen würde. Es sind bereits Fälle der Umleitung von Videokonferenzen über China bekannt geworden sowie Zensur von Menschenrechtskonferenzen, in denen der Platz des Himmlischen Friedens erwähnt wurde. Gerade politisch arbeitende Organisationen sollten keinesfalls Zoom verwenden.

Wählen Sie besser Anbieter, die sich an EU-Recht und die Datenschutzgrundverordnung (DSGVO) halten. Es gibt sehr gute und datenschutzfreundliche Videokonferenz-Alternativen, die in Deutschland gehostet werden können: Basierend auf den Systemen Jitsi Meet, BigBlueButton, Nextcloud Talk und noch recht neu: OpenTalk. Viele Systeme bieten auch Apps fürs Smartphone an.

Wohlgemerkt: Das sind die technischen Systeme. Als Firma können Sie diese selbst hosten (lassen), dann bleiben alle Daten bei Ihnen oder Ihrem Dienstleister. Es gibt aber auch bereits aufgesetzte Instanzen, die Sie teilweise

Links und weitere Infos: digitalcourage.de/jahrbuch24

Aktivierendes

kostenlos nutzen können. Wobei wir Ihnen dringend ans Herz legen möchten, die Betreiber auch zu bezahlen bzw. zu spenden. Denn damit tragen Sie dazu bei, dass diese Anbieter eine solche Videoinstanz auch nachhaltig bereitstellen können und so einen Beitrag zu einer souveränen Infrastruktur in Deutschland und Europa leisten.

Probieren Sie es aus! Wir empfehlen (und erläutern diese Empfehlungen ausführlich) auf
digitalcourage.de/videokonferenzen

Jitsi Meet (für Meetings bis zu 20 Personen):

▶ meet.ffmuc.net
▶ fairmeeting.net
▶ meet.golem.de

Nextcloud Talk auf Ihrer eigenen Instanz, wenn Sie eine Nextcloud betreiben oder einen Dienstleister betreiben lassen, z.B. Hostsharing.net (eine Genossenschaft)

BigBlueButton (insbesondere für Vorträge und virtuelle Klassenräume)

▶ senfcall.de
▶ b1-athome.de
▶ bbb.cyber4edu.org (besonders für Schulen)
▶ fairkom.eu/fairteaching

OpenTalk (viele Funktionen, Konferenzen nur mit Account erstellbar)

▶ opentalk.eu (für Unternehmen, Schulen, Institutionen – kostenpflichtig)
▶ tchncs.de/opentalk (Account bei tchncs.de notwendig)
▶ mailbox.org/de/produkte#videokonferenz (30 Tage kostenlos, dann kostenpflichtig als Teil des Mailangebots)

Foto: Digitalcourage, cc by 4.0

Links und weitere Infos: digitalcourage.de/jahrbuch24

Aktivierendes 175

Linux Now

Felix Fehlauer, Jan Schötteldreier, Lars Bartsch

Wie praktisch, dass auf jedem neuen Computer das Betriebssystem bereits vorinstalliert ist. Einfach einschalten, die Installation vervollständigen – und los geht's. Leider werden die meisten Computer mit Windows oder macOS angeboten. Dass es benutzerfreundlichere Alternativen gibt, erfährt man meist nicht. Doch insbesondere Linux deckt ein breites Spektrum an Verwendungszwecken ab und bietet gegenüber Windows und macOS entscheidende Vorteile.

Windows: Überwachung als Prinzip

Spätestens seit Windows 10 setzt Microsoft klar auf Überwachung. Mit Hilfe Ihres persönlichen Kontos sammelt das Unternehmen jede Menge Daten über Sie. Zum Beispiel, wie Sie die Maus bewegen, wohin sie klicken, welche Dokumente Sie öffnen – und natürlich, wann Sie das alles tun. Microsoft kann Nutzer.innen anhand Ihres Verhaltensmusters verfolgen und wiedererkennen; denn Verhalten ist genauso unverwechselbar wie biometrische Merkmale.

Und diese Überwachung können Sie nicht abschalten. Darum raten wir dringend davon ab, Windows 10 oder 11 zu verwenden.

Vorteile von Linux

Linux ist freie Software. Deshalb können Expert.innen ohne großen Aufwand sehen, wie es programmiert ist, können Fehler beheben und verbesserte Kopien weitergeben. Es handelt sich um ein offenes System, das auf Hintertüren kontrolliert werden kann und nicht von einem bestimmten Hersteller abhängt.

▶ Linux hat sich in jahrzehntelanger Praxis bewährt und arbeitet sehr zuverlässig.

▶ Linux benötigt in der Regel weniger Festplattenplatz als Windows und läuft auch auf älteren Computern zügig.

▶ Linux kann sowohl auf dem WLAN-Router als auch auf dem Schulserver laufen. Ebenso lässt es sich auf nahezu jedem üblichen Laptop

Links und weitere Infos: digitalcourage.de/jahrbuch24

oder Desktop-PC für fast jeden Zweck einrichten.

▶ Linux ist erheblich datenschutzfreundlicher als die meisten herstellerspezifischen (unternehmenseigenen) Betriebssysteme.

▶ Bei der Weiterentwicklung von Linux werden offene Standards geschaffen und verbessert.

▶ Sie können sämtliche erforderlichen Programme direkt bei der jeweiligen Linux-Distribution herunterladen. Alle installierten Programme können so auch automatisch aktualisiert werden.

Den Verfechter.innen freier Software geht es nicht darum, Software grundsätzlich kostenlos anzubieten, sondern den Anwender.innen Freiheit und Rechte zu lassen.

Wichtige Begriffe

Um den Einstieg in Linux zu erleichtern, erklären wir die wichtigsten Begriffe:

▶ Der **Linux-Kernel** ist das Herzstück jedes Linux-Systems. Er stellt die Basisfunktionen des Betriebssystems bereit. Der Kernel hat vollständige Kontrolle über das System und ist für die Kommunikation zwischen Hardware und Software verantwortlich.

▶ Eine **Linux-Distribution** ist eine Zusammenstellung des Linux-Kernels mit ausgewählten Programmen. Zusammen bilden sie das Betriebssystem. Die bekanntesten Linux-Distributionen sind **Debian**, **Fedora**, **Linux Mint**, **openSUSE** und **Ubuntu**. Sie sind für viele Zwecke einsetzbar: Schreiben, Spielen, Videos gucken. Für ältere Hardware gibt es ressourcenschonende Distributionen wie zum Beispiel **Lubuntu** und **Xubuntu**. Weitere Distributionen, auch für den professionellen Einsatz in Unternehmen und Organisationen, sind im Blogbeitrag bei Digitalcourage beschrieben (siehe unten).

▶ Mit einem **Live-USB-Stick** (oder einer CD bzw. DVD) können Sie die meisten Linux-Distributionen ohne Installation auf dem eigenen Computer starten und ausprobieren. Das bestehende System wird dabei nicht verändert. Meist lässt sich das so gestartete Linux direkt aus dem Betrieb heraus installieren. Außerdem können Sie so schnell prüfen, wie gut Linux mit der eigenen Hardware zusammenarbeitet.

▶ **Dual- / Multi-Boot:** Wer Linux verwenden möchte, ohne auf Windows zu verzichten, kann beide Betriebssysteme nebeneinander auf dem Computer installieren. Viele Linux-Distributionen bieten bei der Installation an, eine bestehende Windows-Installation zu verkleinern und Linux parallel zu installieren. Bei jedem Start haben Sie die Wahl zwischen Linux und Windows.

▶ **Secure-Boot** ist eine Sicherheitsfunktion, die den Start nicht vertrauenswürdiger Betriebssysteme auf dem

Aktivierendes

Gerät verhindern soll. Es wird von allen genannten Distributionen unterstützt. Lassen Sie Secure-Boot – falls vorhanden – aktiviert, wenn Sie Linux testen oder installieren wollen, und schalten Sie es nur aus, wenn der Start von Linux anders nicht möglich ist.

▸ Wenn Sie Programme benutzen möchten, die ausschließlich für Windows verfügbar sind, können Sie versuchen, sie **direkt unter Linux** auszuführen; das funktioniert inzwischen mit immer mehr Emulator-Programmen, zum Beispiel mit **Wine**.

▸ Die **Desktop-Umgebung** (desktop environment) ist die Software, die die Interaktion mit dem Computer über eine grafische Oberfläche ermöglicht. Fast jede Linux-Distribution bringt eine angepasste Desktopumgebung mit, die Sie auswählen und nachträglich ändern können.

▸ Je nach Linux-Distribution werden bei der Installation und im Betrieb unterschiedliche **Paketformate** benutzt. Oft ist in Paketverwaltungen wie **GNOME Software** und **KDE Discover** die Unterstützung für distributionsübergreifende Formate wie **Flatpak** und **Snap** integriert oder lässt sich einfach nachrüsten.

▸ **Spielen unter Linux** war früher äußerst kompliziert. Heutzutage laufen sehr viele, auch die meisten kommerziellen Spiele ausgesprochen gut unter Linux, teilweise mit besserer Performance als unter Windows. Mit **Lutris**, dem **Heroic Games Launcher** und dem kommerziellen **Steam** lassen sich Spiele sehr einfach installieren und starten.

Erhältlich im Digitalcourage-Shop!
Einfach. Linux.

Band 17 der Reihe „kurz&mündig"
DIN A6, 28 Seiten geheftet
ISBN 978-3934636-47-7
Preis: 5,00 € inkl. 7 % USt. inkl. Versand
▸ **shop.digitalcourage.de**

Unterstützung

Der einfachste Weg, Linux auszuprobieren, ist der Besuch einer **Linux-Install-Party** oder einer **Linux-User-Group** (LUG). Dort kann der eigene Laptop ohne Installation auf „Linux-Verträglichkeit" getestet werden. Üblich sind auch praktische Unterstützung und das gemeinsame Lösen von Problemen. Die Gruppen in vielen Städten freuen sich über Ihren Besuch und helfen gern beim Wechsel zu einem Linux-System.

Links und weitere Infos: digitalcourage.de/jahrbuch24

Umgang mit Fotos:
sicher, bewusst und einvernehmlich

Leena Simon, Philipp Uhlig

Beim Fotografieren und beim Verbreiten von Fotos gilt:

safe (sicher) → Wählen Sie einen sicheren Speicherort und entfernen Sie die Metadaten, ehe Sie ein Bild verbreiten.

sane (bewusst) → Was andere mit Ihrem Foto machen, können Sie nicht beeinflussen. Geben Sie keine Fotos von sich oder anderen weiter, mit denen jemand Schaden anrichten könnte.

consensual (einvernehmlich) → Holen Sie das Einverständnis aller Abgebildeten ein, ehe Sie ein Foto verbreiten.

Fotos aufnehmen

Es gilt das **Recht am eigenen Bild**. Zwar können Aufnahmen für private Zwecke ohne ausdrückliches Einverständnis zulässig sein, verbreiten sollten Sie sie aber nicht. Nicht zulässig ist es, Personen zu fotografieren, die sich in einem geschützten Bereich aufhalten, nackt oder minderjährig sind, eindeutig widersprochen haben oder hilflos sind. Falls Ihr Smartphone Fotos automatisch in die Cloud synchronisiert, sollten Sie ebenfalls die Zustimmung der fotografierten Personen einholen.

Fotos speichern

Bewahren Sie Ihre Fotos nicht nur auf dem Smartphone oder in der Kamera auf. Besonders Fotos mit hohem emotionalem Wert sollten Sie verschlüsselt auf einer eigenen externen Festplatte speichern (**lokales Back-up**). Vorinstallierte kostenlose Cloudangebote von Google, Apple und Co. sind nicht zu empfehlen.

Solange sich Smartphone und Rechner im selben Netzwerk befinden, können Sie die Geräte mit freien Apps synchronisieren (**im eigenen Netzwerk speichern**), ohne dass die Dateien Ihr eigenes Netzwerk verlassen (**Datensouveränität**). Falls Sie eine eigene Nextcloud betreiben, können Sie Ihre Fotos vollautomatisch dorthin übertragen lassen.

Sobald Sie Daten **in einer fremden Cloud speichern**, müssen Sie dem Anbieter vertrauen. Laden Sie am besten nur Dateien hoch, die Sie auf Ihren eigenen Geräten verschlüsselt haben und die auch nur dort wieder entschlüsselt werden können.

Fotos teilen und veröffentlichen

Minderjährige sind rechtlich besonders geschützt. Bei jüngeren Kindern müssen die Eltern der Veröffentlichung zustimmen. Sobald das Kind in der

Aktivierendes

Foto: Silke Remmery, cc by 2.0

Lage ist, mitzuentscheiden, brauchen Sie auch sein Einverständnis. Ab welchem Alter ein Kind als einsichtsfähig gilt, hängt von seinem Entwicklungsstand ab.

Ein rigoroses moralisches Verbot, Kinderfotos zu veröffentlichen, würde Kinder zwar schützen, sie und ihre Anliegen aber aus der digitalen und damit der öffentlichen Wahrnehmung drängen. Selbst im Kinderfernsehen dürften dann keine Kinder mehr zu sehen sein. Dies ist auch aus der Perspektive der Kinder nicht wünschenswert.

Es bleibt daher nur, mit jedem Einzelfall sensibel umzugehen:
- Veröffentlichen Sie keine Kinderfotos auf Social Media oder achten Sie zumindest darauf, dass das **Gesicht nicht zu erkennen** ist.
- Halten Sie sich auch in kleinen Messengergruppen zurück. Senden Sie Bilder nur im kleinen Kreis und achten Sie darauf, dass **niemand bloßgestellt** wird.
- Sprechen Sie mit dem Kind, sobald es fähig ist, zu verstehen, was passiert.
- **Nehmen Sie die Wünsche des Kindes ernst** und vermitteln Sie ihm, dass es selbst entscheiden darf.
- Verwenden Sie Fotos **fremder Kinder** mit äußerster Vorsicht. Auch wenn ein Foto als „frei" lizensiert ist, wissen Sie nicht, ob das abgebildete Kind mit der Veröffentlichung einverstanden war.

Das Verbreiten von Fotos gegen den Willen der Abgebildeten ist strafbar, ganz besonders bei Minderjährigen. Allerdings hilft das den Betroffenen meist nicht. Juristische Auseinandersetzungen dauern, und in dieser Zeit wird der emotionale und soziale Schaden immer größer. Gerade hier gilt: Aufklärung und Vorsorge schützen am besten.

Metadaten bereinigen

Private Fotos enthalten viele Informationen, die nicht auf den ersten Blick erkennbar sind. Diese sogenannten **Metadaten** werden weitergegeben, wenn Sie Fotos teilen. Dazu gehören u.a. Informationen zu Kamera und Gerät, Software und Hersteller, eindeutige ID der Nutzer.innen, Klarnamen und Standortdaten. Damit können die Metadaten z.B. verraten, wo das Kind auf dem Foto im Garten spielt oder das Foto von einem Papierstapel kann verraten, wo das Treffen der Journalistin mit einem Informanten stattgefunden hat. Deswegen sollten Sie diese Metadaten vor der Veröffentlichung entfernen, beispielsweise mit der Android-App Scrambled Exif.

Links und weitere Infos: digitalcourage.de/jahrbuch24

Öffentliche Wege, öffentliche Karten
mit OpenStreetMap

Grafik: OpenStreetMap, cc-by-sa 4.0

Auf der Suche nach einer Kneipe oder nach der nächsten Toilette? Dazu braucht es kein Google. Die freie Karte openstreetmap.org weist den Weg datenschutzfreundlich und – mit der App – sogar offline.

Die Daten wurden ähnlich wie bei Wikipedia von vielen Menschen gemeinsam zusammengetragen. Es gibt eigene Ansichten für Fußgänger, Radfahrende, Eisenbahnfans und viel mehr (Links auf digitalcourage.de/openstreetmap). Insbesondere Hausnummern und Wege in Parks oder anderen speziellen Gebieten sind meist viel genauer als bei Google Maps. So sind Wanderwege in den bayerischen Alpen verfügbar, bei denen Google Maps das Flugzeug empfehlen würde.

Und das beste: Die Karten sind frei lizenziert. Sie können deshalb öffentlich genutzt werden auch auf der eigenen Website oder von anderen Projekten, die z.B. Navigation extra für Fahrräder oder Menschen im Rollstuhl anbieten. OpenStreetMap ist inzwischen so wichtig, dass Ämter Vermessungsdaten dafür bereitstellen oder auf Basis der OpenStreetMap-Karte eigene Onlinedienste betreiben.

Auf Mobilgeräten können Sie OpenStreetMap ohne Datenverbindung nutzen. Weit verbreitet ist z.B. die freie und quelloffene App OsmAnd, die On- und Offline-Navigation unterstützt. Sie können sich das Kartenmaterial auf dem Smartphone oder Tablet speichern, so dass die Navigation keine Internetverbindung braucht. Das ist besonders im Ausland praktisch, wo das Datenvolumen oft begrenzt und teuer ist.

Für Wanderungen empfehlen wir, auch die Höhenlinien (via Plugin) und die Relief-Schattierungen herunterzuladen und „Touring View (more contrast and details)" einzustellen. Dies versteckt sich in den Einstellungen „Anzeige konfigurieren" im Abschnitt „Kartenanzeige" hinter „Kartendarstellung".

Leider verzichtet OsmAnd nicht ganz auf Tracking: Wenn Sie sich die Liste installierbarer Karten anzeigen lassen, werden Informationen über Ihr Gerät auf einen Server hochgeladen.

Links und weitere Infos: digitalcourage.de/jahrbuch24

Richtungweisendes

Wir werden dreistellig! padeluun und Rena Tangens im Bunker Ulmenwall im Februar 2000 bei der einhundertsten PUBLIC DOMAIN

Public Domain vor 30 Jahren
Unsere Veranstaltungsreihe zu Technik, Kunst, Wissenschaft und Gesellschaft

Public Domain heißt „öffentlicher Raum", aber auch „öffentliche Angelegenheit", und so haben wir unsere Veranstaltungen im Bielefelder Bunker Ulmenwall ab 1987 genannt. Es ging uns darum, dass Leute, die an etwas forschen oder arbeiten, die gute Ideen oder ungewöhnliche Perspektiven haben, uns direkt davon berichten. Und wir wollten ihnen auch unsere Sichtweisen mit zurückgeben. In jedem Jahrbuch erinnern wir uns an einen Jahrgang „Public Domains" (PDs).

▶ **padeluun und Rena Tangens erinnern sich:**

PD55: Bei unseren Public Domains haben wir immer das Ungewöhnliche gesucht – und das Geniale. Unser Freund Franz Otto Kopp, der an der Hannoveraner Hochschule Getriebetechnik lehrte, brachte 30 Krabbelinsekten (er nannte sie „Schreitmaschinen") mit. Die aus Draht gebogenen Teile konnten – sobald man die Kurbel drehte – laufen. Jedes funktionierte nach einem anderen mechanischen Prinzip. So nebenbei zeigte er uns auch auf einer Schemazeichnung, wie man mit Mechanik Überlichtgeschwindigkeit erreichen könnte – zumindest theoretisch. Franz Otto Kopp hatte schon 1985 als Künstler in der Ausstellungsreihe „Interregionale Mehrwert Vorstellung" in der Galerie Art d'Ameublement von Rena Tangens und padeluun – in der noch heute Digitalcourage seinen Sitz hat – eine Drehmaschine mitgebracht und ganz praktisch Schmuck, Schrauben und Schlagzeugstücke aus Aluminium gebaut. Das Digitale war ihm als glühendem Verfechter der Mechanik ein Graus. Viel zu unsicher, zu ungenau und zu empfindlich.

Auf der „PD-Karte" V55.0 ist auch ein Hinweis auf die CeBIT in Hannover zu sehen. Wir hatten dort (wie jedes

PUBLIC DOMAIN V55.0
Treffpunkt Zukunft, Technik & Kultur
Dr. Franz O. Kopp, Institut für Getriebetechnik, Hannover, zeigt die Gesetze der Mechanik und die Kunst der Konstruktion mittels Techno-Insekten

Sonntag, 6.2.1994 ab 15 Uhr
im BUNKER ULMENWALL
Kreuzstraße 0, D-33602 Bielefeld

Links und weitere Infos: digitalcourage.de/jahrbuch24

Richtungsweisendes

Jahr seit 1990) wieder einen großen Stand – fast 200 Qadratmeter – wo wir unsere Visionen einer digital vernetzten kommunizierenden Welt vorstellen konnten. „Mediencafé" nannten wir das. Aus dieser Vision klauten sich weniger fantasiebegabte Menschen den Hype-Begriff „Internetcafé", bei denen aber das Wesentliche fehlte. Auf dem Stand war 1994 das Kommunikationskunstwerk einer Satelliten-Graugans-Gruppe zu sehen, die Wiwiwis (hatten wir im Jahrbuch für 2023 vorgestellt). Aber die CeBITs sind noch mal ein ganz eigenes Kapitel.

PD 56: Geheim(dienstliches) interessierte uns schon immer. Auch wenn das immer so eine leichte „Schwurbeltendenz" beinhaltet. Michael Opperskalski ließ auf jeden Fall einen denkwürdigen Satz da, der sich auf KGB-Hack und die Zusammenarbeit des Chaos Computer Clubs mit dem Verfassungsschutz bezog: „Wer mit dem Teufel isst, muss einen verdammt langen Löffel haben." Zu Opperskalskis Buch „Das RAF–Phantom" wollte uns der damalige Chef des Bundesamts für Verfassungsschutz, Eckart Werthebach, den wir auf einer anderen Veranstaltung dazu befragten, mindestens zehn Gründe zusenden, warum das Buch Unsinn sei. Auf diese zehn Gründe warten wir noch heute.

PD 57: Zwei Monate später erzählte uns Michael Gerdes alias „Papillon", wie seine Arbeit mit Computerschrott aussieht. Der ästhetischste Teil waren Chip-Gehäuse, die er auf Anstecknadeln aus dem Bastelbedarf klebte. Diese (unverkäuflichen) kleinen Kunstwerke waren auf der Computermesse CeBIT so beliebt, dass man damit alles eintauschen konnte, was man wollte. Auch Felipe und Rop von der „Digitalen Stad" bekamen bei der PD 58 im Juni zum Dank für ihren Vortrag bei uns je so einen Chip-Recycling-Anstecker. Auf Basis des WWW-Vorläufers Gopher hatten sie mit ihrem Verein Hacktic ein vom niederländischen Staat finanziertes Projekt aufgebaut, in dem Menschen eine digitale Stadt besiedeln konnten. Da waren wir alle Fan von, und viele fanden das plötzlich viel cooler als unsere MailBox //BIONIC, die wir betrieben. Da war schon ein Lüftchen des späteren Internet-Hypes zu spüren, der so viele

Links und weitere Infos: digitalcourage.de/jahrbuch24

Richtungsweisendes

gewachsene Strukturen zerstören sollte.

PD 58: „De digitale Stad", die Rop Gonggrijp, Felipe Rodriquez und Marleen Stikker aus Amsterdam vorstellten, war ein auf dem Protokoll „Gopher" basierendes Online-Angebot. Hier konnten sich Menschen im virtuellen Technikraum auf Straßen bewegen, Gebäude beziehen, Menschen einladen, ihre Texte zu lesen, oder ihre Werbung für selbstgestrickte Mützen anschauen. Das war für viele Menschen viel besser vorstellbar und „spielbarer" als unsere ernsthaften Mail-Boxen. Kurz nach dem Erfolg der digitalen Stadt kam dann das WWW (World Wide Web) auf – wo Kooperationen und Absprachen nicht mehr so notwendig und das Online-Leben insgesamt viel bunter schienen.

Rop und Felipe bauten in den Niederlanden auch den frühen Internetprovider XS4ALL (Access for all – Zugang für alle) auf, der – wie uns Felipe vertraulich verriet – gar nicht dafür gedacht war, um im Geschäft langfristig zu bestehen, sondern um zu zeigen, dass das geht und Druck auf Firmen zu machen. Sie verkauften XS4ALL an das staat-

liche Postunternehmen KPN und wurden reich. Sie hatten sich vorher ausgerechnet, dass es mit ihren Kräften nicht möglich gewesen wäre, gegen KPN zu bestehen. Kluge Leute. Felipe betrieb selbst eine MailBox namens Utopia und engagierte sich für das Verschlüsselungsprogamm PGP. Felipe ist leider früh verstorben, mit Rop haben wir heute noch im Chaos-Umfeld Kontakt.

PD 59: Günther Leue war in unseren Augen immer „der MailBox-Papst". Er war Unternehmensberater, hatte die EAN-Nummern, die auf allen Produkten stehen, mit eingeführt und 1981 zusammen mit seinem Sohn die MailBox-Firma GeoNet gegründet. Die Oberfläche, die er für seine Systeme verwendete, wurde vom Zerberus-System kopiert. Ursprünglich überlegten wir beim FoeBuD, wie Digitalcourage damals noch hieß, auch ein Geonet-MailBox-System zu hosten. Da das aber finanziell überhaupt nicht leistbar war, haben wir in Bielefeld auf einem einfachen PC die Mail-Box-Software Zerberus installiert und als Mail-Box //BIONIC zur Blüte gebracht.

Richtungsweisendes 185

Geonet konnte viel mehr – es integrierte E-Mail, Gruppen, Fax, Telex, Teletex, Btx, X.400, SMS, Pager, Voice und Inmarsat-C. Sogar kleine Geldbeträge konnte man damit übertragen. Ein paar Jahre später bekamen wir einen großen Computerschrank geschenkt, in dem ursprünglich das Geonet-System „Deutsche MailBox 2" installiert war, in das wir wiederum die diversen Ports unseres Zerberus-Systems // BIONIC installierten.

Informativ auch das Kleingedruckte auf der Einladungskarte: Mit peel.lili.uni-bielefeld/foebud ging unsere erste Website an den Start. Leider war der Dienst archive.org, in dessen Wayback-Machine man auch sehr alte Versionen von Websites finden kann, noch nicht gegründet, so dass man sich diese historische Website nicht mehr anschauen kann. Mit dem Grundlayout von Stefan Kurtz haben wir noch lange weiter gearbeitet, auch, als unser Webserver bei uns im eigenen Keller stand. Und das lässt sich heute noch im Museum betrachten: 🔗museum.foebud.org/

PD 60: Nach der Sommerpause 1994 beschäftigten wir uns mit den Möglichkeiten, wie man CDs mit einem technischem Kopierschutz versehen kann. Unser heimlicher Hintergedanke war natürlich, herauszufinden, wie man diesen aushebeln kann. Und in der Tat wurde auf der Veranstaltung der Kopierschutz einer CD mit dem IBM-Betriebssystem OS2 geknackt und – zur klammheimlichen Freude der IBM-Marketingabteilung – kopiert und verteilt.

PD 61: Klaus Berger? Das war ein Pseudonym. „Klaus", ehemaliger Techniker bei der Stasi, brachte noch einen Freund mit und ein Wählscheibentelefon. „Sucht mal die Wanze" forderte er die anwesenden Technik-Nerds auf. Niemand fand die Wanze. Dabei war es ganz einfach: Das Standard-DDR-Telefon *war* die Wanze. Ein unscheinbarer dritter Draht war mitverbaut. Dieser erlaubte das Abhören von Telefonaten und – auch bei aufgelegtem Hörer – von Räumen. Heute lassen sich solche Exponate im Stasi-Museum finden. Damals erhielten wir einen exklusiven

Links und weitere Infos: digitalcourage.de/jahrbuch24

Richtungsweisendes

Einblick in die Techniken der Stasi. Da wurde dann auch mal die Autotür eines Trabbis so präpariert, dass sie einen Infrarotblitz aussenden konnte, mit dem Fotoaufnahmen in tiefster Nacht möglich waren. Winzige Kameras und Tonbandaufzeichnungsgeräte ließen uns staunen – heute alles Makulatur. In einem reiskorngroßen Gerät, einem manipulierten Smartphone, einem trojanerverseuchten Laptop finden sich noch viel mehr Funktionen. Und mittlerweile überwacht nicht mehr an erster Stelle der Staat, sondern Unternehmen spionieren uns aus, ganz beiläufig und überall.

PD 62: Mit Kunst schlossen wir die 1994er-Serie der Public Domains ab. Van-Gogh-TV war eine Künstlergruppe, mit deren Vorläufer „Minus Delta t" auch Digitalcourage-Mitgründer padeluun bereits viel zusammengearbeitet hatte. Die Gruppe experimentierte früh mit Fernsehen. Das Programm „Hotel Pompino" als Kunstprojekt der Ars Electronica 1990 wurde via 3Sat an sieben Abenden je drei Stunden live in ganz Europa ausgestrahlt. Hier konnten zum ersten Mal Menschen mit Modem in einer Fernsehsendung anrufen und mit padeluun live im Fernsehen chatten.

Zum Jahresende fand das Internationale Hackertreffen erstmalig nicht in Hamburg, sondern in Berlin statt. padeluun erinnert sich noch, dass er komplett heiser war und es dennoch geschafft hatte, im Flüsterton – ohne Mikrofon – einen Vortrag vor 30 Leuten zu halten.

Die Themen auf der Einladungskarte, die wir gestaltet hatten, könnten auch heute noch – 30 Jahre später – Themen einer gut besuchten Veranstaltung sein.

Links und weitere Infos: digitalcourage.de/jahrbuch24

Anhang

„Hereinspaziert!" Unser Vereinskeller in den 1990er Jahren

Preise und Auszeichnungen für Digitalcourage

Digitalcourage hat in den vergangenen Jahren einige Preise und Auszeichnungen gewonnen. Hier ein kleiner Überblick aller Ehrungen, die der Verein bekommen hat.

- **„Ehrenpreis für digitales Bürgerengagement"** der Friedrich-Naumann-Stiftung (2022) an die Europäische Bürgerinitiative #ReclaimYourFace, zu der wir vieles beigetragen haben. (▶ Seite 48)
- **„Spendenaktion 30 Jahre Linux"**, 8. Platz im Publikumsvoting 2021 für Digitalcourage. Die Firma B1 Systems hat anlässlich des Linux-Jubiläums 30.000 Euro Spenden per Online-Voting auf Projekte verteilt, die Open-Source-Software in besonderer Weise fördern. 🔗linux30.b1-systems.de (▶ Seite 175)
- **„Corona-Helden 2020"**, Konzerteinladung vom NDR an Rena Tangens und padeluun (2021). Sie wurden ausgezeichnet, weil sie trotz der Corona-Beschränkungen viel Aufwand betrieben haben, um die BigBrotherAwards auch während der Pandemie durchzuführen.
- **„Ehrennadel der Stadt Bielefeld"** an Rena Tangens und padeluun (2018). Beide durften sich bei der Preisverleihung in das Goldene Buch der Stadt Bielefeld eintragen.
- Nominierung für den **„Grimme-Online-Award"** in der Kategorie SPEZIAL für Digitalcourage (2018).
- **„Bürgerprojekt"-Preis der PSD-Bank** an unsere Mitarbeiterin Jessica Wawrzyniak und ihren Blog kidsdigitalgenial.de (2017). Das Preisgeld war Anschubfinanzierung für eine gedruckte Version von Jessicas Online-Kinder- und Jugendlexikon „#kids #digital #genial von App bis Zip". Jetzt als Broschüre und Buch im Digitalcourage-Shop erhältlich.
- **„Bielefelder Frauenpreis"** für Rena Tangens für ihre zukunftsweisenden Gedanken und ihr Durchhaltevermögen (2016).
- **„Der Heinrich"** der Heinrich-Böll-Stiftung NRW (2015), weil wir mit unserer Arbeit „Müde und Zweifelnde zum Nachmachen" ermuntern.
- **„Open Source-Preis"** für „Software für Engagierte" für Arbeit an civiCRM (2015).
- **„Bundespreis Verbraucherschutz – Persönlichkeit des Verbraucherschutzes 2015" der Deutschen Stiftung Verbraucherschutz** an Rena Tangens für ihr jahrzehntelanges Engagement für die Wahrung der digitalen Privatsphäre.

Links und weitere Infos: digitalcourage.de/jahrbuch24

Anhang 189

Das Orchester NDR Radiophilharmonie spielte auf im Großen Sendesaal des NDR in Hannover für die Corona-Helden 2020, darunter Rena Tangens und padeluun

▶ **„taz Panter Preis für die Held.innen des Alltags – Preis der Jury"** an Digitalcourage für Weitblick und Engagement für Grundrechte (2014)

▶ **„For..Net-Award"** an Digitalcourage für den PrivacyDongle als benutzerfreundliche Möglichkeit zur anonymen Internetnutzung (2013)

▶ **„Goldener Löwe" in Cannes** für die „fingerprints"-Kampagne von „Nordpol Hamburg" (2008) für den AK Vorrat – ein Webtool, das digitale Spuren sichtbar machte.

▶ **„Theodor Heuss Medaille"** (2008) für außerordentlichen Einsatz für die Bürgerrechte, u.a. durch die Organisation der BigBrotherAwards.

▶ **Kunstpreis „Evolutionäre Zellen" vom Karl-Ernst-Osthaus-Museum Hagen und der Neuen Gesellschaft für Bildende Kunst (NGBK) Berlin** an Rena Tangens und padeluun (2004)

▶ **Ideenwettbewerb zur Gründung der Stiftung bridge** für die Idee zum RFID-Privatizer (2003)

▶ **„Sinnformation" Preis der Grünen Bundestagsfraktion an FoeBuD** für den Aufbau des ZaMir-MailBox-Netzes in Ex-Jugoslawien (1998)

▶ **„Videokunstpreis Marl"** an Rena Tangens & padeluun für „TV d'Ameublement" (1984)

Links und weitere Infos: digitalcourage.de/jahrbuch24

Und dann noch ein paar datenschutzrelevante Termine für 2024

24.1.2024	**Privacy Camp** von EDRi in Brüssel 🔗privacycamp.eu
28.1.2024	**Europäischer Datenschutztag.** Dieser Aktionstag erinnert an die Europäische Datenschutzkonvention vom 28.1.1981.
14.2.2024	**I love Free Software Day** der FSFE (Free Software Foundation Europe) 🔗fsfe.org/activities/ilovefs/index.de
29.3-1.4.2024	**EasterHegg**, dieses Jahr in Regensburg 🔗easterhegg.eu/
12.4.2024	**Verleihung der BigBrotherAwards** in Bielefeld 🔗bigbrotherawards.de
9.-12.5.2024	**GPN22 – Gulaschprogrammiernacht** 2024 in Karlsruhe 🔗entropia.de/GPN
22.-24.5.2024	**cpdp Conference** (Computer Privacy and Data Protection) in Brüssel 🔗cpdpconferences.org
27.-29.5.2024	**re:publica** in der Station Berlin – Motto: Who cares? 🔗re-publica.com/
im Sommer	**Aktivcongress** – Barcamp für alle, die selber etwas tun wollen. Termin gibt es erst, wenn die Finanzierung gesichert ist. Info: 🔗digitalcourage.de
9.6.2024	Die **Europawahl** ist wichtig, weil ein Großteil der Gesetze, die uns betreffen, inzwischen in Brüssel gemacht werden. Bitte gehen Sie wählen! 🔗elections.europa.eu/de/
16.-21.7.2024	**Fedicamp im Wendland** Informelles Treffen zum Fediverse 🔗fedi.camp/
September 2024	**Datenspuren** Symposium des Chaos Computer Clubs Dresden 🔗datenspuren.de
im Herbst 2024	**Freedom not Fear** Barcamp für Aktivist.innen aus ganz Europa in Brüssel 🔗freedomnotfear.org/
27.-30.12.2024	**Chaos Communication Congress** Großes internationales Treffen von Hackern und Haecksen 🔗events.ccc.de/

▶ **Ein übersichtlicher Ort für alle Ihre Termine:**
Der Digitalcourage-Wandkalender 2024, erhältlich in unserem Shop.
🔗shop.digitalcourage.de

Buchtipps: KI und Bargeld

Die Bücher, die wir hier vorstellen, widmen sich brennend wichtigen Themen. Ihre Autoren sind überzeugt, dass wir handeln und etwas zum Guten verändern können.

▶ **Paul Nemitz / Matthias Pfeffer: Prinzip Mensch**

In diesem Buch geht es um das Thema KI; ein Schwerpunkt liegt dabei auf der Rolle der Öffentlichkeit und der Gefährdung des Journalismus. Wir können diese Technologie nicht allein der Selbstregulierung und der Ethik überlassen. Wie Chemikalien, Autos und Kernkraft ist die KI-Entwicklung wichtig genug,

um ein Gesetz zu benötigen, das ihre Richtung und Grenzen definiert. Es geht um den Vorrang der Demokratie. Die billigen Rufe nach Selbstregulierung und Ethik sind überholt. Wir brauchen Gesetze, um sicherzustellen, dass dem öffentlichen Interesse gedient wird und dass alle – auch diejenigen, die nicht mitspielen wollen – tatsächlich an Regeln gebunden sind, die durchsetzbar sind. Paul Nemitz ist Chefberater der Europäischen Kommission im Bereich Justiz und Verbraucher und streitet seit vielen Jahren für Datenschutz und Grundrechte.

▶ **Brett Scott: Cloud Money**
   Warum die Abschaffung des Bargelds unsere Freiheit gefährdet

Viele Menschen zahlen ohne nachzudenken bargeldlos mit Karte oder App. Nutznießer sind die großen IT-Unternehmen wie Amazon und Google und die Finanzbranche, die die bargeldlose Gesellschaft propagieren. Big Tech und Big Finance rücken zusammen und bauen ihre Macht aus. Digitales Geld haben wir schlicht nicht mehr in der Hand, es kann uns jeder-

zeit gesperrt und entzogen werden. Brett Scott nennt es „Cloud Money". Brett Scott ist Finanzexperte und ehemaliger Broker; er ist zum Aktivisten für die Erhaltung des Bargelds geworden.

PS: Bei digitalem Geld hinterlassen wir bei jeder Transaktion eine Datenspur. Autor **Andreas Eschbach** hat mit „**NSA – Nationales Sicherheits-Amt**" ein eindrückliches „Was-wäre-wenn"-Szenario geschrieben: Was wäre, wenn Charles Babbage den Computer 40 Jahre früher erfunden hätte und die Nazis nicht nur Lochkarten, sondern richtige Computer gehabt hätten? Als erstes schaffen sie im Roman das Bargeld ab – mit tödlichen Folgen.

Links und weitere Infos: digitalcourage.de/jahrbuch24

Graphic Recording: Lara Schmelzeisen, cc by 4.0